KB069118

케인즈가 들려주는
수정 자본주의 이야기

케인즈가 들려주는
수정 자본주의 이야기

유지후 지음 · 황기홍 그림

|주|자음과모음

독자 여러분, 안녕하세요?

여러분에게 케인즈를 소개하게 되어 매우 기쁘답니다. 케인즈는 1883년에 태어나 1946년에 생을 마감한 영국의 경제학자입니다. 그 이전의 '보이지 않는 손'에 의해 사회 질서가 유지된다고 주장한 애덤 스미스를 '경제학의 아버지'라고 한다면, 1930년대에 이를 뒤집는 정부의 재량적인 정책에 따른 유효수요의 증가를 강조하는 케인즈는 '경제학의 어머니'라고 불린답니다.

케인즈가 도대체 어떤 일을 했기에 이렇게 유명한 경제학자가 되었을까요?

케인즈가 나타나기 이전의 고전 경제학자들은 시장에서의 자유로운 경제 활동을 중요시하며 정부가 이를 통제하는 것을 싫어했어요. 그래서 애덤 스미스는 시장은 '보이지 않는 손'에 의해 여러 문제를 스스로 해결하고 균형을 이룬다고 말했던 것이지요. 하지만 케인즈는 당시까지 사람들의 머릿속에 뿌리내려 있던 이러한 생각을 반박한 사람이었어요.

시장은 스스로의 힘에 의해 경제 문제들을 해결하고 발전시킨다고요? 공무원 출신인 케인즈는 이를 부정하며 정부가 직접 나서서 시장의 여러 문제에 대한 대책을 세워야 한다고 했지요. 바로 공공 정책을 통해서요. 정부의 역할이 더욱더 커져야 한다고 생각한 것이지요.

케인즈는 자유 경쟁이 팽배한 자본주의 시장에서 뒤처지고 실패한 사람들에게 정부가 손을 내밀어야 한다고 말했답니다. 그래서 오늘날 우리가 자연스럽게 누리고 있는 복지 국가의 사상적 기반을 세웠다고 볼 수 있어요.

그런데 가만 있어보자. 경제학은 무조건 어렵다는 목소리가 어디선가 들려오네요? 과연 그럴까요?

경제학은 인간의 모든 활동에서 가장 합리적인 선택을 할 수 있는 방법을 고민하게 해준답니다. 그리고 어떠한 사회를 이룩해야 하는지의 문제도 함께 말이에요.

이제부터 아주 쉽게 차근차근 알려드릴 테니 한번 따라와 보실래요? 아무쪼록 이 책이 케인즈의 주장과 당시의 시대 상황을 이해하는 데 도움이 되는 안내자가 되기를 기원합니다.

유지후

시장이 제 기능을 하지 못하고 자원의 비효율적인 배분을 초래할 경우, 즉 독과점 현상, 환경 오염, 공공재의 부족 등의 문제가 발생할 경우에는 정부의 개입이 필요할 수 있다.

현대 사회에서는 시장 경제를 채택했다고 하더라도 시장과 정부가 역할을 분담하는 혼합 경제의 성격을 가지고 있는 경우가 많다. 정부는 시장에 개입하여 사회 보장을 실시하고, 경제적 약자인 소비자와 노동자의 권리를 제도적으로 보장하는 등 시장의 영역에 개입하고 있다.

중학교	사회 3	III. 시장 경제의 이해 1. 시장 경제의 특성 – 시장 경제의 그림자 – 우리나라의 경제 원칙 – 혼합 경제
고등학교	사회	VIII. 국민 경제와 합리적 선택 1. 국민 소득과 경제 성장 – 경제 성장과 정부의 역할 2. 현대 경제 문제와 해결 방안 – 경기 변동과 경제 문제 – 경제 안정을 위한 노력
고등학교	경제	II. 시장과 경제 활동 3. 시장 기능의 한계와 보완 대책 – 시장의 실패와 정부의 개입 IV. 경제 성장과 안정화 정책 2. 경제 성장과 안정화 정책 – 경기 변동의 몇 가지 유형

수요를 늘릴 필요가 있을 때 국민이 내는 세금을 내려 줌으로써 소비를 유도하는 방법을 쓸 수 있다. 또, 정부는 각종 자원이나 혜택을 제공하여 기업이 투자 지출을 늘리도록 유도하기도 한다. 때로는 정부가 지출을 늘리거나 줄임으로써 수요를 조절하는 데 한몫을 담당 하기도 한다.

시장이 자원을 제대로 배분하지 못하고, 또 그로 인해 사회적으로 선의의 피해자가 발생한다면, 당연히 누군가가 나서서 그에 대한 대책을 마련해야 한다. 시장의 실패를 보완하기 위한 방안으로 가장 먼저 생각할 수 있는 것은 정부의 개입이다.

	세계사	존 메이너드 케인즈	한국사
1883		영국 케임브리지 출생	전환국 설치, 원산학사 설립
1894	비스마르크 수상이 빌헬름 황제에 의해 퇴진		동학 농민 운동, 갑오개혁
1899	헤이그 평화 회의		대한제국 성립
1902		케임브리지 킹스칼리지에서 철학, 역사, 수학을 공부	YMCA 발족 을사조약 통감부 설치 국권 피탈
1906		영국 정부의 인도청에서 근무	
1911		영국의 경제 잡지 『이코노믹저널』 발행인으로 선임	
1914	제1차 세계 대전 발발	재무부 자문 및 전쟁비용 충당 문제 담당	
1917	러시아 혁명 발발 제1차 세계 대전 종료		
1918	독일의 항복		일본의 보통고시령 공포
1919	베르사유 조약	파리 강화 회의에 영국 측 차석 대표로 참석 『평화의 경제적 귀결』 발간	3·1 운동 발발 대한민국 임시 정부 수립
1925		러시아 발레리나 리디아 로포코바와 결혼	
1929	세계 대공황		광주 학생 운동 발발
1930		국립미술관 큐레이터, 킹스칼리지와 새들러스 웰스 발레단의 재무 책임자로 발탁됨	애국단원 이봉창이 일왕 히로히토에게 수류탄 투척
1936	프랑스 인민전선 정부 수립	『고용·이자 및 화폐의 일반이론』 발간	손기정, 베를린 올림픽 마라톤 우승
1937		심장 관련 질환으로 입원	
1939	제2차 세계 대전 발발		
1941	태평양 전쟁 발발		
1942		작위를 수여 받음	
1943	카이로 선언	케임브리지 트리니티 컬리지에서 '뉴턴 전기' 원고 강연	
1944	브레턴우즈 협정 개최	브레턴우즈 협정에 영국 수석대표로 참가	8·15 광복
1946	파리 평화 회의	틸튼에서 심부전증으로 사망	

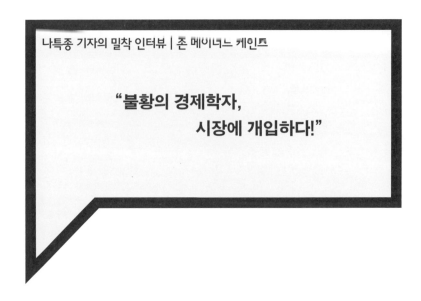

"불황의 경제학자,
시장에 개입하다!"

　　오늘은 영국이 낳은 세계적인 경제학자 '존 메이너드 케인즈' 선생님을 모시고 '수정 자본주의'에 관한 이야기를 들어 보도록 하겠습니다. 본격적인 수업에 앞서 선생님에 대해서 좀 더 자세히 알아보는 시간을 갖도록 하겠습니다.

　　안녕하세요, 저는 나특종 기자입니다. 이렇게 뵙게 되어 정말 영광입니다! 우선 선생님에 대해 잘 모르는 학생들을 위해서, 간략하게 선생님을 소개하자면 어떻게 이야기할 수 있을까요?

　　하하. 이렇게 관심을 가져 주셔서 고맙습니다. 사람들은 나를 20세기 전반을 대표하는 영국의 경제학자라고 하더군요. 이렇게까지 큰 명성을 누리게 될 줄은 몰랐는데 감사할 따름이죠. 학자이자 공무원이었던 나는 사람들의 행복을 위해 국가가 할 수 있는 일이 무엇일까 항상 고민했답니다. 제1차 세계 대전이 휩쓸고 지나간 폐해 속에서 1920년대 영국 경제의 현실적 어려움을 없애기 위해 노력했지요. 공부하는 공무원이었던 셈인가요?

네, 그렇군요. 선생님의 명성은 오늘까지도 대단합니다. 대체 어떤 업적을 남기셨기에 그런 걸까요? 이제부터 차근차근 알아가겠지만, 먼저 선생님의 어린 시절에 대해 들려주세요.

저는 1883년 영국의 대학도시 케임브리지에서 태어났어요. 아버지 존 네빌 케인즈(John Neville keynes)는 케임브리지 대학에서 논리학과 경제학을 가르치는 교수였고, 어머니는 케임브리지 시(市)의 시장을 지내셨어요. 두 분 모두 학식이 높았고, 특히 아버지의 친구 분들은 당대의 유명한 학자들이었죠. 덕분에 앨프리드 마셜(Alfred Marshall)과 같이 19세기 영국을 대표하는 경제학자를 가까이에서 보면서 공부할 수 있는 영광을 누릴 수 있었습니다.

> **앨프리드 마셜**
> 마셜은 가격 결정의 도구로서 수요와 공급을 가위의 양 날로 비유한 위대한 경제학자입니다. 경제 개념을 편찬한 그의 영향은 현대의 경제학자들에게까지 지속되고 있습니다.

그렇군요! 그러면 선생님은 어떤 학창 시절을 보내셨나요? 명성이 자자한 만큼 선생님의 학창 시절도 왠지 남다를 것 같습니다.

감사하게도 저는 당시의 최고 엘리트 코스인 이튼 스쿨과 케임브리지 대학 킹스칼리지(King's College)에서 공부하는 기회를 가졌어요. 어려서부터 학구적인 집안 환경 덕분에 공부에 흥미를 가질 수 있었던 긴 행운이었지요. 저는 학창 시절 동안 다양한 사람들을 만나고, 여러 동아리 활동에 참여하며 시간을 보냈어요. 대학 3학년 땐 학생 유니온 회장이 되기도 하였고요. 정치적인 활동에도 관심이 많아 케임브리지 자유당 클럽의 회장을 맡기도 하였답니다.

활발한 대학 생활을 하셨군요. 그러한 활동을 통해 어떤 것을 느끼셨나요?

당시 케임브리지 학생들의 비밀 모임이었던 '소사이어티(The Society)' 활동이 떠오르네요. 소사이어티는 1829년대부터 이어져 내려온 모임으로, 다양한 인물들이 거쳐 갔어요.

시인인 앨프리드 테니슨, 철학자 화이트헤드 등 수많은 학자, 정치가, 평론가들이 회원이었지요. 이 모임은 누가 회원인지는 회원 이외의 사람들은 알 수 없는 조직으로, 능력이 뛰어난 학생을 은밀히 모임에 끌어들여 여러 학문과 정치, 사회에 대해 치열한 토론을 벌였습니다. 이 모임의 토론을 통해 인간의 합리적인 지성과 이성을 신뢰하는 신념을 키워 나갈 수 있었습니다. 당시 영국 사회는 19세기 빅토리아 시대의 도덕이 가진 위선과 윤리주의가 남아 있었지요. 이에 대한 반발심으로 이성에 기초하여 합리적인 판단을 하는 가치관을 갖추려고 노력했답니다. 이러한 과정을 통해 합리적 사고력을 기른 것이 학창 시절의 가장 큰 자산이었지요.

그럼 대학 졸업 이후에는 어떤 일을 하셨나요?

평소에 워낙 다른 일을 많이 하느라 공부에 집중하지 못해서 수학 우등 졸업 시험에서는 좋은 성적을 거두지 못했습니다. 결국 수학자의 꿈을 포기하고 공무원 시험을 보았는데, 공무원 시험 성적은 전체 104명 중 2위였어요. 논리학과 정치학은 1위였지만, 수학과 경제학이 7위였답니다. 훗날 경제학의 거목이 된 제가 경제학 성적이 안 좋았던 것을 보면, 세상엔 알 수 없는 일들이 많은 것 같지 않나요. 하하. 어쨌든 좋은 성적으로 공무원 시험을 치른 후 외무부 인도청으로 발령을 받고 근무하게 되었지요.

그래도 2등을 하셨다니, 대단하시네요. 그런데 공무원으로 일하시면서 어떻게 경제학자가 되신 거지요?

세상일이란 참 신기하게 연결될 때가 많지요. 경제학에서 낮은 점수를 얻은 걸 보면 아시겠지만 그때까지 경제학에 대해 큰 관심을 가지고 있지 않았습니다. 그런데 인도청에서 근무하면서 겪었던 다양한 경제적 현실이 계기가 되어 경제학에 관심을 가지게 되었고 경제 분야를 연구하기 시작했습니다.

이때 2년간 근무를 하면서 인도의 경제 문제에 대한 책을 펴냈어요. 이 책으로 인해 모교인 케임브리지 대학 킹스칼리지의 특별 연구원이 되었죠. 여기엔 어릴 적부터 저를 관심있게 지켜보고 계셨던 앨프리드 마셜 선생님의 영향이 컸어요. 대학 시절 경제학이라곤 그분의 경제학 강의를 들었던 게 전부였는데, 선생님은 저의 진가(眞價)를 알아보시고 주변 분들에게 부탁을 해 놓으셨더군요. 그 덕분에 케임브리지에서 안정적으로 경제학을 연구할 수 있게 되었지요.

1946년 심부전증으로 사망할 때까지 37년간 자리를 지키며 학생들에게 경제학을 가르쳤습니다. 꽤 인기가 좋았죠. 단순히 경제 이론만 전달하는 것이 아니라 다양한 현실 사례를 잘 접목해서 수업을 했으니까요.

결국 선생님의 경제학은 현실 경제 문제를 해결하기 위해 나온 것이군요.

그렇지요. 그래서인지 처음부터 학문으로 경제학을 바라본 다른 학자들과는 달랐습니다. 보다 현실적인 문제에 관심을 가지고, 문제를 해결하기 위한 적극적인 태도를 보이게 되었습니다. 그리고 개인적인 능력이나 자질 없이 단지 부모에게서 물려받은 재산으로 풍족하게 살아가며 사회 지도층이라고 으스대는 부류의 사람들을 아주 싫어했답니다. 그래서 훗날 상속세를 높이자는 주장을 하기도 했지요. 이러한 까닭으로 가난한 사람들을 위한 개혁을 시도하지 않는 보수당을 비판하였고 자유당을 지지했어요. 자유당은 인간의 노력과 지성으로 이러한 사회적 어려움을 개혁하려 한다고 느꼈기 때문이지요.

그렇군요! 케인즈 선생님은 당시 누구보다 적극적으로 사회 문제를 개혁하기 위해 고민하셨네요. 바로 이 점에서 선생님 이전의 자유방임주의와 차별화되는 것 같습니다.

네. 나특종 기자께서 잘 지적하셨습니다. 아주 중요한 부분이지요. 제가 새로운 이론을 주장하기 전까지 경제 문제에 대한 주류 의

견이 '자유방임주의'였습니다. 시장 경제(市場經濟) 체제 안에서 정부는 시장에 개입하는 것을 최소화하고 각 개인들의 자유로운 경제 활동을 보장하면 시장은 '보이지 않는 손'에 의해 알아서 잘 돌아가게 되어 있다는 이론입니다. 이는 18세기의 학자 애덤 스미스(Adam Smith)가 주장했지요. 하지만 시장의 기능을 개인들에게 전적으로 맡겨 버리면 여러 부작용과 문제가 생길 수밖에 없습니다.

인간은 자신의 이익을 추구하는 존재이기 때문에 경쟁에서 소외되는 사람이나 빈곤층에 대해서 자기 이익을 포기하면서까지 고민하지 않게 되지요. 이것이 바로 '자유방임주의'의 가장 큰 문제점이라고 보았습니다. 그래서 이러한 사회적 약자를 위해 정부가 나서서 보호망을 만들어 주어야 한다, 사회적인 대책을 세워야 한다, 이렇게 주장했던 것이지요.

현실 경제에 관심이 많으신 선생님께서 경제학을 가르치시는 것 외에 혹시 또 다른 활동은 없으셨나요?

물론 그 외에도 다양한 활동을 했지요. 1914년에 1차 세계 대전이 발발하자 재무부로부터 긴급 호출을 받았습니다. 그렇게 다시 영국의 재무부에서 일하게 되었는데 정말 어려웠던 시기였지요. 어쨌든 전쟁은 영국, 프랑스, 미국을 비롯한 연합국의 승리로 1918년에 끝났습니다. 이후 전쟁의 사후 처리를 위한 회담이 1919년 1월 파리에서 열렸을 때, 영국 측 차석 대표로 참석했습니다.

파리 강화 회의
제1차 세계 대전 종료 후에 전쟁에 대한 책임과 전후의 평화를 유지하기 위한 조치 등을 협의하기 위해 개최한 국제 회의를 말합니다.

그 파리 강화 회의에서는 어떤 활약을 하셨나요?

파리 강화 회의로 불리는 그 회담은 수도 패전국인 독일에 대한 전쟁 배상금 액수를 결정하는 자리였습니다. 전쟁을 일으켜 주변 국가에 엄청난 피해를 입혔으니 패전국에게 손해 배상을 책임지도록 하는 것이죠. 이 회의에서 패전국 독일에게 약 1,320억 마르크라는 엄청난 배상액이 부과됩니다. 이 금액은 당시 독일 국민 총생산의 2년 치에 해당하는 굉장한 액수였어요. 이 결정에는 주로 프랑스의 입장이 강하게 작용하였고, 다른 나라들도 거기에 동조하게 된 것이죠. 사실 프랑스와 독일은 역사적으로 충돌도 많았고, 여러 가지 감정이 서로 얽혀 있는 사이니까요.

전쟁을 일으켜 많은 피해를 입힌 만큼 책임을 물어야 한다고 생각하기는 하지만 그렇게 지나친 배상금을 물리면 안 된다고 생각했습니다. 독일을 궁지로 몰면 또 다른 문제가 나타날 수밖에 없다고 생각했기 때문이지요. 모두가 독일에 좋지 않은 감정을 가지고 있을 그때에 독일의 편을 드는 듯한 발언을 해 봐야 미움만 살 것을 뻔히 알았지만, 내가 어디 그런 거 따지는 성격인가요. 내 의견을 확실히 밝힌 후 사퇴하였습니다. 그리고 『평화의 경제적 귀결』이라는 책을 집필하여 세상에 내놓았습니다.

역시 대단하십니다. 그럼 그 이후로는 정부와는 함께 일하시지 않은 건가요?

그렇게 정부와의 의견 차이로 그만두고 나왔지만, 그 후에도 정부에서 필요하다고 요청할 때는 기꺼이 힘을 보탰습니다. 애초부터 경제라는 것을 정치나 다른 모든 현상과 연결지어 잘사는 세상을 만드는 데 활용해야 한다고 생각한 사람이었으니, 현실에 참여할 일이 있을 때마다 최선을 다해 도움이 되려고 노력했던 것이죠. 물론 워낙 직설적이고 할 말은 해야 하는 성격인지라, 여러 사람들하고 크고 작은 갈등들이 있었지요.

역시 존경스럽습니다. 그런데 선생님은 결혼은 언제 하셨나요?

하하, 부끄럽지만 마흔이 넘은 늦은 나이에 결혼을 했답니다. 러시아 출신의 발레리나로 이름은 로포코바(Lopokova)였는데 유복한 환경에서 태어나 큰 어려움 없이 살아왔던 고집 센 노총각 교수에게 엄청난 일이 생긴 것이었죠. 어찌해야 할지 몰라 그 당시 처음 나온 내 책을 선물했습니다. 『평화의 경제적 귀결』말이에요. 그로부터 6년 뒤인 1925년 로포코바와 결혼을 했습니다. 어떤 사람은 로포코바와의 결혼을 '케인즈가 한 일 중에 가장 잘한 일'이라고 말하기도 했지요. 하지만 당시 러시아가 사회주의 국가라서 사람들은 러시아를 굉장히 부정적으로 보고 있었기 때문에 이러쿵 저러쿵 말이 많았답니다. 그리고 당시 발레리나라는 직업은 보수적인 상류 계급 의식이 강한 사람들이 보기에 못마땅한 것이었거든요. 하지만 나에게 그런 건 문제가 될 수 없었지요. 조금씩 어려움을 헤쳐나가며 결혼에 성공했습니다.

> **사회주의**
> 자본주의 시장의 원리에 반대하며 생산 수단의 공동 소유와 관리, 계획적인 생산과 평등한 분배를 주장합니다. 산업 혁명에서 비롯된 불평등과 빈곤 등에 대한 저항으로 발생했다고 하지요.

그런데 이 결혼을 계기로 대학 시절에 활동했던 '소사이어티' 회원들과 멀어지게 되었어요. 그들이 로포코바가 러시아 사람이어서 인정하지 않았다거나 언어 장벽 때문만은 아니었습니다. 오히려 아내는 친구들의 거침없는 신랄한 토론과 비평을 꽤나 부담스러워했어요. 동시에 나 자신도 조금씩 달라지기 시작했지요.

학창 시절 쌓아 온 기존의 도덕과 질서에 대한 강한 거부, 권위의 부정에서 조금 더 보수적으로 변했다고 해야 할까요? 사회의 여러 문제를 해결하고 나라를 안정적으로 이끌기 위해서는 일정 부분 사회적 권위가 필요하다는 쪽으로 생각이 변해 갔지요. 정부의 적극적인 개입을 통한 사회 변혁, 나의 경제학의 토대는 이렇게 차근차근 다져지기 시작했답니다.

선생님의 결혼은 단순히 인생의 한 사건이 아닌, 학문적 배경을 새로이 다지는 계기가 되었던 거군요. 결혼으로도 큰 유명세를 치르셨다는 것 역시 흥미롭습니다. 그런데 선생님은 불황의 경제학자로도 유명하신데요, 그 배경은 무엇인가요?

1929년, 그 유명한 '세계 대공황'이 발생합니다. 사건의 발단은 미국에서 주가가 폭락한 것이었는데, 곧이어 유럽은 물론 전 세계적으로 경기가 폭락하는 공황 상태가 되었습니다. 제1차 세계 대전이 1919년에 끝나면서 전쟁 중인 나라에 군수 물자를 공급하며 생산의 활기를 띠었던 미국 경제가 불황의 늪에 빠졌던 거예요. 과잉(過剩) 생산된 물자들은 넘쳐나는데 사려는 사람은 없고, 그러니 기업은 파산하고 실업자는 넘쳐나고……. 미국에서 발생한 위기는 순식간에 전 세계적인 공황으로 번져 갔어요. 경기는 계속해서 끝없이 나빠졌지요. 생산된 물건은 팔리지 않고 쌓여 공장은 생산을 멈출 수밖에 없었죠.

당시 저는 공황의 원인을 분석하고, 해결책을 찾기 위한 연구를 진행하고 있었어요. 사실 당시의 경제 학계에서는 시장 경제가 아무리 나빠져도 스스로 해결하는 능력이 시장 자체에 있다고 믿었고, 그렇기 때문에 모든 것을 자유롭게 시장에 맡기고 기다려 보자고 이야기했지요. 하지만 그 생각에 동의할 수 없었어요.

왜 그렇게 생각하신 거지요?

일차적으로 시장이 완벽하지 않다고 보았거든요.

시장이 문제를 알아서 해결해 줄 거라고요? 도대체 그게 언제죠? 현실은 결코 그렇게 만만치 않습니다. 그래서 시장만 믿고 기다렸다가는 결국 우리 모두 죽고 말 거라고 주장했지요! 그렇다면 시장에서 생기는 문제점을 누군가가 나서서 보완하고 해결해야 한다고 생각했어요. 그리고 이 역할은 어디까지나 정부가 나서서 해야 한다고 보았지요. 정부가 공공 지출을 통해서 적극적인 보완책을 내놓아야 한다고 말이에요.

당시까지 약 1백여 년을 주류(主流)로서 인정받아 오던 자유방임주의를 전면으로 뒤집는 혁신적인 주장이었지요. 많은 반발이 있으리라 예상했지만 가장 중립적이고 모두를 위할 수 있는 입장에 있는 짓이 정부 아니겠습니까? 물론 청렴하고 능력 있는 정부여야 하겠지만요.

아하, 그랬군요! 그런데 선생님에 대해서는 극단적인 평들이 있는 것으로 알고 있습니다. 왜 이렇게 경제인들의 반발을 사게 된 것이죠?

하하하. 방금 전 말씀드렸듯이 그건 모두 정부의 역할을 강조했기 때문일 겁니다. 사실 나는 시장 경제의 부작용을 우려하여 기업의 자유로운 활동을 반대한 학자였거든요. 정부가 나서서 기업이 부작용을 낳는 활동을 하지 못하도록 제재해야 한다고 했어요. 그러니 기업인들은 반발할 수밖에 없었겠지요. 시장을 개인의 자유에만 맡겨 버리면 실업, 빈부 격차, 환경 오염과 같은 여러 문제들이 생기게 마련입니다. 공황 상태에 빠지는 것도 마찬가지 맥락에서 그렇고요.

그럼 공황의 상황에서 정부가 나서서 할 수 있는 일은 어떤 일이었습니까?

실업과 공황을 해결하기 위해서는 정부가 '유효 수요'를 일으켜야 한다고 생각했습니다. 실제 물건을 구매할 능력이 있는 소비자가 많이 생겨야 한다고 말이지요. 수요가 있으면 생산이 늘어나서 고용이 증가할 것이고, 고용이 증가해야 소득이 생겨서 다시 소비가 증가할 것이고, 소비가 증가하는 것이 곧 수요의 증가이니까요. 결국은 수요를 살려 내야 하는 것이라고 생각했지요.

여러분이 생각하기에도 그럴 것 같지 않나요? 지금이야 특별할

유효 수요
실제로 물건을 살 수 있는 돈을 갖고 물건을 구매하려는 욕구를 말합니다. 확실한 구매력이 뒷받침되는 수요라고 볼 수 있지요.

것 없는 이야기로 생각되겠지만, 이 생각을 처음 주장했을 당시에는 기존 질서를 뒤집는 엄청난 이야기였습니다.

정말 기존 경제에 대한 생각의 틀을 바꾸는 이론이었군요. 이전의 경제학자들에 비해서 좀 더 넓은 시각으로 경제를 보신 것 같은데, 맞나요?

그렇지요. 나는 경제 상황을 좀 더 큰 시각에서 봐야 한다고 주장했습니다. 지금까지는 개개인에게 이익이 되는 일이 사회 전체에도 이익이 되는 것이라고 생각했기 때문에 개개인에게 이익이 되는 방법만 고민했어요. 그러나 개인에게 이익이 되는 행동이 사회 전체적으로는 이익이 되지 않는 경우도 있습니다. 이렇게 경제를 전체적으로 바라보는 시각을 '거시 경제'라고 부른답니다. 거시 경제학의 실질적인 출발점이 되었다고 볼 수 있죠.

선생님의 이론이 한번에 정리되는 느낌이네요. 강의가 벌써부터 기대가 되는데요, 그럼 이런 이론들이 정리된 선생님의 대표적인 책은 무엇이 있나요?

이러한 나의 생각들은 1936년에 펴낸 『고용·이자 및 화폐의 일반이론』이라는 책에 고스란히 담겨 있지요. 흔히 '일반이론'이라고 불립니다. 내가 평생 주장했던 내용들이 하나로 모여 있다고 보면 됩니다. 나는 소득과 재산의 불평등 문제와 더불어 시장 경제의 문제를 비판하고, 정부의 적극적인 재정 정책이 필요하다고 주장했는데, 이에 대한 많은 오해와 공격을 받기도 했지만 이 책의 영향으로 여러 젊은 경제학자들이 나의 생각을 따르게 되었지요. 경제학의 아

버지 애덤 스미스를 시초로 약 2백년간 지속된 고전학
파의 역사는 케인즈주의의 등장으로 큰 혁명을 겪게 되
었다고 볼 수도 있죠.

애덤 스미스
처음으로 경제학을 체계적 과학
으로 이룩한 학자로서 경제학의
아버지라고 불립니다. 경제 행위
는 가격이라는 '보이지 않는 손'
에 의해 공공복지에 기여하게 된
다고 주장한 것으로 유명하지요.

네, 선생님. 인터뷰에 정성껏 응해 주셔서 감사드립니다.

감사합니다. 이제 이어질 강의에서 더 재미있는 경제 이야기를 들
려주도록 하겠습니다.

네, 오늘의 인터뷰는 여기서 마치겠습니다. 본격적인 수업에서는 케인즈 선
생님께서 비판한 시장의 문제와 시장 실패를 극복한 수정 자본주의는 무엇인
지 본격적으로 알아보도록 하겠습니다. 지금까지 나특종 기자였습니다.

첫 번째 수업

우리가 생각했던 시장

전 세계 대부분의 나라들이 시장 경제 체제를
채택하고 있습니다. 도대체 시장 경제는 무엇을
말하는 걸까요? 또 어떤 기능을 하는 걸까요?
시장을 통해 경제의 기본 문제를 알아봅시다.

수능과 유명 대학교의 논술 연계

2009년도 수능 (경제) 2번

2009년도 수능 (경제) 4번

희소성과 경제의 기본 문제

땅, 땅, 땅!

드디어 저와 함께 하는 첫 수업이 시작됐군요! 저는 20세기 초반에 시장에 문제가 생기는 것을 보고 나서, 시장의 문제점을 분석하고 해결법을 제안하여 유명해진 사람이에요. 그때 시장 경제에 무슨 일이 일어났는지를 이해하려면, 우선 우리가 생각했던 시장이 무엇인지부터 살펴볼 필요가 있습니다. 그럼, 시작해 볼까요?

첫 번째 수업에선 경제의 기본적인 문제를 알아보고, 시장이 어떻게 이런 문제들을 해결하는지 살펴봅시다.

여러분은 물건을 살 때 고민해 본 적 있나요?

"네, 많아요. 빵집에 갔는데 이 빵도 맛있어 보이고, 저 빵도 맛있어 보이고 그래서 고민을 많이 하게 돼요. 요즘은 빵집에 맛있는 빵들이 점점 많아져서 고르기가 더 어려워지고 있어요. 아, 빵 얘기 하니까 배고프다."

"하여튼 너는 허구한 날 먹는 얘기만 하니? 아예 빵집을 통째로 사지그래."

"나도 그러고 싶거든. 그런데 나한테 그런 돈이 어디 있니?"

"하긴 그게 문제긴 하지."

그럼 모음이는 빵 안 좋아하니?

"아니요. 저도 좋아하는데요, 자음이만큼은 아니에요."

"얘는 항상 인형 사고, 머리핀 사는 데만 돈 써요. 먹지도 못하는 걸!"

"어제 머리핀을 고르는데요, 빨간색도 예쁘고 파란색도 모두 예뻤어요. 그렇지만 두 개 모두 살 돈이 없으니까 고민을 하고 있었는데요. 어떤 애가 가게에 들어오더니 한번 홀쩍 보고 빨간색 핀을 고르더라고요. 그리고 계산을 하려다가 '어? 파란색도 예쁘네! 어? 저것도 예쁘네!'하면서 고민도 안 하고 핀 세 개를 다 사 가지고 가는 거예요. 내 참."

그런 일이 있었군요.

우선, 여러분이 이 짧은 대화 중에 경제의 기본 문제를 다 알아차린 것이 놀랍군요. 우리가 원하는 것들이 필요한 만큼 다 있는 게 아니라는 거죠. 우리의 욕망은 끝이 없는 데 비해 그 욕망을 채워 줄 것들은 한정되어 있으니까요. 경제학에선 이러한 우리의 상황을 '자원의 희소성(稀少性)'이라고 합니다. 가지고 있는 돈은 부족한데 사고 싶은 것은 많은 상황인 거죠.

교과서에는

희소하다는 것은 수가 많고 적음을 의미하는 것이 아니라, 인간의 욕구와 필요에 따른 상대적인 의미입니다. 아무리 그 수가 적은 물건이라도 찾는 사람이 없다면 희소하다고 볼 수 없겠지요. 이 희소성의 원칙은 모든 경제 문제의 근본적인 원인이 됩니다.

그러면 한정된 자원을 가지고 어떻게 선택해야 가장 합리적이고 경제적일까? 하는 선택의 문제가 생기죠. 이것이 바로 경제의 기본 문제입니다. 바로 희소한 자원을 어떻게 나누느냐 하는 분배의 문제가 경제의 기본 문제라는 뜻이죠. 사실 경제학이란 이 선택과 분배를 잘하기 위해 만들어진 학문이라고 할 수 있어요. 그래서 선택을 잘하면 '합리적인 선택'을 했다고 이야기하며, 경제학에서는 이를 매우 중요하게 여기지요.

그럼 또 다른 이야기를 한번 볼까요.

어느 농부가 우연히 근처 야산에서 2백 년 묵은 산삼을 캐었다고 합시다. 농부는 여기저기 산삼의 존재를 알리고 살 사람을 구했어요. 산삼은 워낙 놀라운 약효를 가지고 있기 때문에 여기저기서 많은 사람들이 산삼을 사려고 모여들었습니다.

이렇게 많은 사람들이 산삼을 사려고 할 때, 누구에게 이 산삼을 팔아야 할까요?

"제일 먼저 온 사람한테요. 이유는……. 가장 먼저 왔으니까요."
"각자 사려는 이유를 들어 보고, 제일 필요한 사람한테 주는 게 좋겠어요."

그래요, 하나뿐인 산삼을 팔기 위한 다양한 방법들이 있겠죠. 물론 산삼이 모두가 필요로 하는 양만큼 풍족하게 있다면 이런 고민은 안 해도 되겠지요.

"맞아요. 아, 자원의 희소성! 그것이 문제군요."

바로 그거예요! 하지만 어쩔 수 없는 현실이기도 하지요. 우리는 이 현실에서 가장 좋은 답을 찾은 후 선택해야 후회하지 않을 수 있어요. 그럼 산삼 주인은 어떻게 했을까요?

경매
여기서 의미하는 경매는 물건을 사고자 하는 사람이 여러 명일 때 값을 제일 높이 부르는 사람에게 판매하는 것을 말합니다.

산삼 주인은 산삼을 경매(競賣)에 붙였어요.
"가장 높은 가격을 제시하는 사람에게 이 산삼을 팔겠소!"
그러자 산삼을 사러 온 사람 중 하나가 말했어요.
"내가 200만 원을 낼게요! 그러니 나한테 산삼을 파세요."

그러자 다른 사람이 300만 원을 외쳤고, 다시 첫 번째 사람은 400만 원을 내겠다고 했어요. 그렇게 경매가 계속되었고, 결국 산삼 가격이 500만 원까지 올라가자 두 번째 사람은 산삼을 포기하고 돌아갔습니다. 첫 번째 사람은 다시 550만 원을 내겠다고 말했어요. 그러자 여기저기서 산삼의 가격을 높게 부르기 시작했고 산삼의 가격은 700만 원까지 올랐어요. 700만 원이 되자 그보다 더 높은 가격을 제시하는 사람이 없었습니다. 결국 산삼은 700만 원을 내겠다고 한 사람에게 팔렸어요. 700만 원이나 주고 산삼을 산 사람에게 다른 사람들이 물었어요.

"왜 그렇게까지 비싼 값을 부른 겁니까? 그 돈이면 차라리 몸에 좋은 다른 것을 많이 사서 먹는 것이 나을 수도 있을 텐데요."

그러자 산삼을 산 사람이 말했어요.

"이 산삼이 아니면 안 됩니다. 이 산삼만이 오랫동안 누워 계신 어머님의 병환을 낫게 할 수 있다고 의사가 말했어요. 그러니 저는 700만 원이 아니라 1,000만 원이라도 기꺼이 낼 마음이 있었답니다……."

어떤가요? 산삼이 꼭 필요한 사람에게 잘 판매(販賣)되었나요?

"네, 산삼을 산 아저씨는 정말로 산삼이 꼭 필요한 사람이었어요."

그럼 판매자는 어떤 사람이 산삼을 필요로 하는지 어떻게 알 수 있었을까요?

"신삼을 사러 온 아저씨의 이야기를 들었으니까요."

"아니지. 그건 산삼을 사고 난 후에 들려준 이야기잖아."

"그럼 미리 사람들의 사정을 들어 보고 진짜 필요한 사람에게 팔면 되잖아?"

"에이. 그 사람이 혹시 사실을 부풀리거나 거짓을 말할 수도 있잖아. 서로 아는 사람끼리만 사고파는 것도 아닌네 사실을 알기 어렵지. 그리고 그 많은 사연을 어떻게 다 들어 보냐? 사람들이 천 명 오면 천 명의 이야기를 다 들을래?"

"그래, 너 잘났다. 근데 왜 꼭 선생님같이 이야기하고 그러냐!"

자, 그만하세요. 그러다 싸우겠어요.

아마 사람들의 사연을 일일이 들어 보고 판매하려고 했으면, 자음이와 모음이처럼 의견 충돌도 일어나고, 싸움이 있었을지도 몰라요. 하지만 지금 세상은 어느 정도 평화롭게 잘 운영되고 있지 않습니까? 그 이유는 바로 시장이 잘 작동하고 있기 때문이에요.

"시장이요?"

그래요. 지금까지 말한 사고, 팔고, 교환하는 모든 경제생활이 이루어지는 공간이 시장이에요. 그럼 이제 구체적으로 시장이 어떻게 문제를 해결하는지 구체적으로 살펴볼까요.

시장의 원리

요즘 참 신기한 물건들이 많이 나왔더군요. 여러분은 자장면이나 음식을 먹다가 옷에 음식물을 묻혀 본 적이 있나요?

"그럼요. 조심한다고 해도 자주 묻히게 돼요. 특히 새 옷 입었을 때 그러면 정말 속상해요."

그렇죠. 그런데 이제는 그런 문제도 많이 해결될 것 같더군요. 어떤 사람이 옷에 때가 묻지 않게 하는 코팅 스프레이를 개발해서 판매하고 있어요. 때가 많이 타는 부위의 옷 위에 살짝 뿌리면 옷에 음식이 묻어도 그냥 휴지로 살짝 문질러 감쪽같이 지울 수 있는 코팅제라는군요.

"와, 정말요? 그럼 진짜 좋겠다. 엄마한테 혼날 일도 줄어들겠어요."

그렇겠죠. 그것 말고도 시장엔 정말 별의별 신기한 물건들이 매일 매일 쏟아져 나오고 있지요. 세상 사람들이 필요로 하기만 하다면 언제 어디서든지 이를 물건으로 만들어 판매하는 판매자가 나타난답니다.

"맞아요. 참 신기했어요. 좁은 시장 앞에서는 어김없이 꽃다발을 팔더라고요."

바로 그거예요. 날씨가 추워지면 가게엔 이미 겨울옷들이 나오고, 날씨가 더워지면 가서 말하기 전에 이미 시장에 시원한 옷들이 나오지요. 세상의 수많은 것들이 누가 이야기하는 사람도 없는데 척척 무엇을 어떻게 시장에 내놔야 하는지 알아서 움직이고 있답니다.

또 다른 예를 한번 볼까요.

옛날에는 쌀이 귀했어도 필요한 쌀의 양보다 쌀 생산량이 적으니 당연히 쌀값이 올라갔지요. 그러자 사람들은 쌀 대신 다른 곡물을 활용할 수 있는 방안을 고민하게 되었어요. 쌀 대신 밀로 만든 막걸리가 나왔고, 떡볶이 떡도 밀로 만들었지요. 그렇게 쌀 소비가 줄어드니 이제 쌀의 필요량과 공급량이 비슷해져 쌀값이 안정되었어요. 그런데 새로 생긴 습관대로 쌀을 잘 소비하지 않다 보니 쌀 소비량이 계속 줄어들어 이제는 쌀이 남아돌게 되었지요. 쌀값은 점점 떨어지고 그러자 다시 쌀을 활용하는 방안이 나오게 되었어요. 막걸리도 다시 쌀로 만들고, 과자도 쌀로 만들었어요. 최근에는 쌀로 만든 햄버거도 나왔어요.

사람들은 왜 쌀 소비를 줄였다가 다시 쌀을 활용한 제품들을 내놓은 걸까요?

"아무도 시키지는 않았지만, 그냥 쌀값에 따라서 그렇게 행동하게 되는 거 같아요."

그래요. 사람들은 누가 시키지 않아도 남아도는 것을 많이 소비하고, 부족한 것을 적게 쓰면서 균형을 맞추어 가지요.

자, 이제 여러분은 시장의 기본 원리를 어느 정도 알게 되었습니다.

"앗! 그냥 쉬운 이야기만 했는데요. 시장의 기본 원리를 알게 되었다고요? 저는 그거 잘 모르는데……."

허허. 여러분은 이미 알고 있어요. 시장은 그렇게 어려운 것이 아니랍니다. 그럼 시장의 원리를 다시 정리해 볼까요.

우선, 세상은 어쩔 수 없이 부족한 자원을 잘 분배해서 써야 하는 상황에 놓여 있습니다. 그러면 이렇게 희소한 자원을 어떻게 분배할지 고민해야 되겠죠. 그런데 사실 우리는 특별히 고민할 필요가 없답니다. 왜냐하면 이미 시장에서 모든 걸 다 알아서 하고 있으니까요.

추울 때는 따뜻한 옷이, 더울 때는 시원한 옷이 계절에 맞추어 시장에 나오고요. 또 필요한 물건이 부족하면 가격이 오르니 다들 그 물품의 사용을 줄여서 균형을 맞추게 됩니다. 좀 전에 말한 쌀 이야기를 생각해 보세요. 그러면 누가 더 필요한 사람인지도 저절로 해결이 되지요. 산삼을 어떤 사람한테 팔아야 하는지 자연스럽게 해결되는 모습을 보았었죠. 서로 모르는 사람들인데도 저절로 서로 필요한 것들을 나누어 세상이 지금처럼 평화롭게 운영되도록 하고 있는 거예요.

"와, 그냥 다 자동 해결이네요."

맞아요. 모든 것이 자동으로 해결되지요. 왜냐하면 사람들은 각자 자신의 이익을 위해 움직이기 때문이에요. 원래부터 그냥 놔두면 각자 이익이 되는 방향으로 열심히 일하게 되는 것이지요. 또 더 많은 이윤을 얻기 위해 서로 경쟁하게 되면서 사람들에게 더 좋은 물건, 더 필요한 물건을 내놓게 됩니다. 또 이러한 모든 과정은 시장 가격으로 표시가 되죠. 우리는 가격을 보고 각자 상황을 판단해 행동하게 되고요. 산삼 경매를 생각해 보세요. 산삼 가격을 보고 산삼 구매를 포기한 사람이 있었잖아요. 그리고 산삼 가격이 올라가면서 산삼을 꼭 필요로 하는 사람만 남게 되었죠.

> **교과서에는**
>
> 가격은 자원이 효율적으로 배분되어 갈 수 있도록 신호를 전달해 주는 역할을 합니다. 가격이 보내는 신호에 따라서 각 경제 주체들은 자신에게 이익이 되는 최선의 선택을 할 수 있습니다.

"그럼, 그냥 원래 있는 것처럼 시장을 놔두기만 하면 된다는 건가요?"

바로 그겁니다.
시장은 모든 문제를 스스로 조절을 통해서 균형을 맞추어 갈 테니, 시장에 손은 댈 필요가 없이 그냥 시장의 원리에 맡기면 되는 것이죠. 경제학의 아버지라 불리는 애덤 스미스(Adam Smith)는 이런 시장의 원리를 '보이지 않는 손(invisible hand)'이라고 표현했지요. 바로 이 '보이지 않는 손'이 시장의 모든 것에 대해 자동 조절을 할 것이므로 우리 모두는 시장에 간섭하지 말아야 한다는 것이지요. 이것을 '자유 방임주의'라고 합니다. 시장의 자체적인 기능을 신뢰하고, 정부의 개입을 최소화하자는 생각이에요.

> **보이지 않는 손**
> 영국의 경제학자 애덤 스미스가 표현한 유명한 말이에요. 그는 시민 사회에서 개인의 이기심에 근거한 경제적 행위가 결과적으로 사회의 생산력 발전에 기여한다고 생각했답니다. 각 개인은 자기의 이익을 추구하고 있는 동안에 '보이지 않는 손'에 이끌려 상상치 못했던 사회 전체의 이익을 가져온다고 말했지요. 시장 경제를 이야기할 때 절대 빠뜨려서는 안 되는 말이기도 해요.

"그러면 경제 활동을 하는 개인의 자유가 커지겠네요?"
"선생님, 경제는 참 쉬워요. 우리가 할 게 없어요."

허허. 그런가요? 하지만 문제는 앞으로 생길 겁니다. 선생님이 무엇으로 유명해졌다고 했죠? 시장 경제의 문제점을 분석하고 해결책을 제시했다고 했죠? 시장은 애덤 스미스가 말한 것처럼 그다지 완벽한 것이 아니었어요. 개인들이 자유롭게 경쟁하며 활동하게 놔두다 보니 슬슬 문제가 발생하기 시작한 거죠!

그럼 이제부터 시장 경제에 무슨 문제가 일어나는지 봐야겠군요.

안녕하세요. 난 20세기 초반 '시장'에 문제를 제기한 케인즈라고 해요.

여러분은 '자원의 희소성'에 대해 잘 알죠?

가지고 싶은 것은 많지만 자원은 한정되어 있다는 거죠!

다 가질 수 없으니 선택을 해야 겠네?

그 선택과 배분의 문제가 경제학의 기본이야.

맞아요. 과거 자유방임주의 시대엔 선택과 배분의 문제를 전적으로 '시장'에 맡겼어요.

'보이지 않는 손'에 의해 시장의 모든 균형이 유지될 거라고 믿었지요.

시장이 모든 걸 해결하면 선생님 같은 경제학자가 필요없을 텐데요?

하하, 그렇지요. 하지만 믿었던 시장에 문제가 생기기 시작했지요.

시장은 결코 완벽한 것이 아니었어요.

무슨 문제가 생겼는데요?

그건 말이지……

1교시 끝!

시장도 완벽하지 않다

시장은 완벽한 곳일까요? 늘 균형을 맞추어
안정적으로 운영되는 시장도 사실은 문제를
가지고 있답니다. 이를 '시장 실패'라고 해
요. 시장 실패에는 어떤 것들이 있을까요?

수능과 유명 대학교의 논술 연계

2009년도 수능 (경제) 3번

성균관대 2009년도 수시2-Ⅱ 논술고사(인문) [문제1]

이화여대 2010년도 수시 논술고사 [문제2]

이번 시간에는 시장이 경제 상황을 제대로 통제하지 못하는 '시장 실패' 현상에 대해 알아보도록 합시다.

독과점의 발생

여러분은 혹시 시장에서 여러 개의 물건 값이 동시에 상승해서 결국 평소보다 비싼 가격에 구매(購買)할 수밖에 없었던 경우가 있었나요?

  "네. 아이스크림도 그렇고, 과자 값도 다들 비슷하게 올라요. 아빠 가 하시는 말씀을 들었는데 휘발유 값도 비슷하게 오른대요."
  "이상해요. 시장에선 서로들 경쟁을 해야 할 텐데요."

그렇지요. '자유 시장 경제'에서는 다양한 경쟁을 통해서 가격이 조정되고, 이러한 경쟁이 잘 이루어지면 사회의 전체적인 효율성이 달성된다고 했었지요. 그렇기 때문에 시장이 제 기능을 잘하기 위해서는 자유로운 경쟁이 이루어져야 한다고 말이에요. 그래서 시장을 자유롭게 하라는 자유 시장 경제의 논리가 탄생한 겁니다. 그런데 이 조건이 맞지 않는 거예요. 그냥 자유롭게 두었는데도 시장에서 경쟁이 나타나지 않으면 어떻게 될까요?"

"아이스크림 회사들처럼요? 그럼 우린 비싼 값에 아이스크림을 살 수밖에 없겠네요."

그렇죠. 아이스크림 회사들은 서로 경쟁을 하여 제품의 질을 높이고 가격을 낮추는 대신 서로 약속을 하고 일방적으로 시장 가격을 올려 버린 겁니다. 소비자의 신뢰를 얻기 위해 힘들여 경쟁을 하며 가격을 낮추는 것보다 다 같이 약속해서 가격을 올려 버리는 게 훨씬 편한 방법이거든요. 이런 것을 '담합'이라고 하지요. 주로 소수의 제한된 공급자만 있는 시장의 형태를 과점(寡占)이라고 하는데, 이러한 시장에서는 공급자들이 경쟁을 줄이고 서로 담합하여 시장 가격을 조정하는 불완전 경쟁 상태가 많습니다. 자음이 아버지께서 말씀하신 휘발유 시장도 비슷한 경우라고 할 수 있어요.

과점

과점은 소수의 거대 기업이 시장의 대부분을 차지하는 형태를 말해요. 시장은 원래 다수의 공급자에 의해 완전한 경쟁 상태일 때 합리적인 가격으로 물건이 거래될 수 있어요. 하지만 소수의 공급자가 시장을 분할해서 지배하는 과점 시장에서는 완전한 경쟁이 이루어지기 어려워요. 우리가 사용하는 핸드폰 통신사나 휘발유, 콜라의 제품들이 매우 소수인데 과점의 대표적인 예라고 볼 수 있어요.

여러분은 『허생전』이라는 이야기를 알고 있나요?

"네! 허생이 돈 1만 냥으로 제사상에 꼭 써야 하는 과일을 모두 **매점매석(買占賣惜)**하여 시장에 과일이 없어지게 한 다음에 과일이 부족해 값이 오르자, 과일을 팔아 엄청난 이윤을 챙긴 이야기잖아요."

> **매점매석**
> 물건 값이 오를 것으로 예상하여 물건을 필요 이상으로 대량 사들인 후 가격이 오를 때까지 팔지 않고 있다가 물건 가격이 오른 뒤 팔아 이익을 챙기는 일을 말합니다.

잘 알고 있군요.

『허생전』을 보면 과일 시장에 공급자가 하나뿐이에요. 공급자가 하나이니 경쟁은 당연히 없을 것이고, 가격은 공급자가 마음대로 정할 수 있겠죠. 이렇게 시장에 하나의 공급자만 있는 경우를 '독점 시장'이라고 해요. 이러한 시장은 독점 사업자가 유리할 수밖에 없으니 공정한 경쟁이나 효율적인 배분 같은 시장 경제의 본래 목적은 이룰 수가 없겠지요.

"시장 경제에도 여러 문제가 있었네요. 누가 일부러 그런 것도 아닌데 이런 문제들이 저절로 생기는 건가요?"

모음이가 좋은 지적을 했군요.

맞아요. 처음에 시장 경제는 엄청난 효율성을 내면서 인류 역사상 가장 빠른 경제 성장을 이루어 냈어요. 사람들은 저마다 각자의 이익을 위해 열심히 일했고, 그것들이 모여 전체 경제도 빠르게 성장했지요. 그런데 경쟁을 하다 보면 이기는 사람이 생기기 마련이고, 한번 이긴 사람은 점점 더 유리한 입장에 놓이게 되었죠.

시장에는 경쟁에 승리한 소수 또는 최후의 승자 한 명만 남는 경우가 올 수도 있지요. 그러다 보니 부가 한쪽으로 쏠리는 일이 생기게 되었지요. 부유한 사람이 가난한 사람과 경쟁을 하여 이기니, 부유한 사람은 더 부자가 되고 가난한 사람은 계속 가난해지는 '부익부 빈익빈' 현상이 나타나게 된 것이지요. 자유 시장 경제가 진행되면서 나타난 이런 상황을 '독점 자본주의(獨占資本主義)' 단계라고 부른답니다.

독점 자본주의
자본주의는 자유 경쟁이 지배하던 산업 자본주의의 단계에서 거대한 소수의 독점 기업이 지배적인 힘을 가지는 단계로 이행합니다. 이를 독점 자본주의라고 하는데 이 단계가 되면 거대한 소수의 기업이 경제적인 지배력과 함께 정치·사회·문화 등 모든 분야에 강한 영향력을 행사하게 됩니다. 역사적으로 보면 19세기 말에서 20세기에 걸쳐서 세계 자본주의가 이 단계로 이행했음을 알 수 있답니다.

자, 생각해 봅시다.

여러 명의 학생들이 있다고 합시다. 학생들은 운동장에서 100m 달리기를 해서 이기면 상금을 탈 수 있습니다. 규칙은 각자 다른 사람에게 피해를 주지 않고 주어진 레일을 빨리 지나오면 됩니다. 현재 학생들은 모두 같은 상황에서 출발해 모두 비슷한 운동복에 운동화 차림입니다.

자! 첫째 날 경주가 시작되었습니다. 그중 한 학생이 1등을 해 상금을 가져갔습니다. 둘째 날도 경주가 시작되었습니다. 다들 출발

선에 서 있는데, 이게 웬일입니까? 어제 상금을 탔던 학생이 자전거를 사 가지고 와 준비하고 있는 것이 아닙니까? 오늘은 누가 상금을 타 갔을까요? 모두 예상할 수 있지요? 첫째 날 상금을 탔던 학생이 둘째 날에도 상금을 탔답니다. 그럼 셋째 날, 넷째 날은 어떻게 될까요? 몇몇 학생들은 더 이상 경쟁이 무의미하다고 느끼며, 불만을 터뜨리겠지요. 이와 같은 상황이 자유 시장 경제에서도 나타났습니다.

이런 문제점이 많던 시절에 내가 태어나고 자랐답니다. 그런데 저는 공부만 하고 학문에만 전념했던 사람이 아니라 정부 관리가 되어 실제 사람들이 생활하는 모습을 관찰하고 문제를 파악해야 했던 사람이었지요. 그러니 어떻게 안 나설 수가 있었겠습니까? 당연히 시장에 규제와 조정이 필요하다고 주장할 수밖에요.

시장 경제가 언제나 공정한 경쟁을 통해 자원을 분배한다는 생각은 틀렸습니다. 독점이나 과점처럼 경쟁 자체가 힘든 경우도 있으니까요.

공공재의 부족

그럼 또 다른 시장의 실패 현상을 찾아볼까요.

앗! 이게 무슨 냄새죠?

"네? 무슨 냄새요?"

아까부터 뭔가 썩는 냄새 같은 게 나지 않나요?

"아, 그거요. 교실 쓰레기통을 오랫동안 비우지 않아서 냄새가 나는 거예요. 쓰레기도 넘쳐나고요."

그런 거였군요. 누가 나서서 좀 치우지 그랬어요. 다들 나의 일이 아니라고 그냥 버려두니 모두가 고약한 냄새를 맡게 되었군요. 먹다 만 아이스크림에, 과자에, 라면 국물까지……. 썩어서 벌레가 나오고 있네요. 쓰레기통도 깨져 있고요.

그럼 이번 시간 주제에도 잘 맞으니, 이 내용으로 수업을 진행해 볼까요? 왜 아무도 교실 안의 쓰레기통을 버리려고 하지 않을까요?

"음……. 그냥 막연히, 내가 아니어도 누군가가 치우겠지, 다들 이렇게 생각한 것 같아요."

"맞아요. 나 혼자 치워서 깨끗해진다 해도 그건 나만 수고한 거잖아요? 손가락 하나 까딱하지 않고 깨끗한 교실에서 장난치는 다른 친구들이 있는데, 이런 거 생각하면 조금 억울한 생각도 들어요. 이런 생각을 하는 제가 너무 못된 건가요?"

하하하. 아니에요. 그렇게까지 말할 순 없지요. 누구나 다 자기 자

신의 이익을 먼저 생각하는 경향이 있으니까요. 자음이와 모음이가 지금 아주 중요한 것을 지적해 줬어요! 이러한 상황은 시장 경제에서도 똑같이 나타난답니다. 그럼 다시 한 번 물어볼게요. 자유 시장 경제에서 개개인들은 무엇을 위해 움직이나요?

"각자의 이익이요. 개인은 이기적 존재니까요."

맞아요. 개인은 각자의 이익을 위해 움직이지요. 다르게 말하면 개인은 자신에게 이익이 되지 않는 일은 굳이 하지 않는다는 거예요. 좀 더 쉽게 말해, 공공을 위한 활동에 개인의 비용을 투자하거나 노력을 하지는 않는다는 뜻이에요.

그러니 시장 경제에서는 개인에게 이익이 되지 않는 것들은 잘 공급되지 않게 되겠지요? 바로 여러분의 교실 쓰레기통 같은 것 말이에요. 아마 각자 자기가 쓰는 책상이거나 자기 방이라면 이렇게 벌레가 나오도록 놔두지는 않았을 거예요. 그러면 자기에게 당장 피해가 온다는 것을 아니까요. 하지만 모두 함께 쓰는 교실 쓰레기통은 딱히 내 것이라고 생각하지 않으니 관리하지 않고 함부로 버려두는 것이죠.

이렇게 비용을 지불했든지 안 했든지 누구나 누리거나 사용할 수 있는 재화를 공공재(公共財)라고 합니다. 공원, 국방, 등대의 불빛 같은 것이 대표적인 공공재입니다. 집 앞에 공원이 있으면 참 좋겠지요? 하지만 일반

공공재
공공재는 비경합성과 비배제성의 특성을 가집니다. 비경합성은 소비자가 아무리 늘어도 이전 소비하던 소비자들의 소비량이 줄지 않는 것을 말하며 비배제성은 소비자가 소비 행위에 대해 대가를 지불하지 않더라도 소비에서 배제시킬 수 없다는 것을 뜻합니다. 우리가 일반적으로 슈퍼에서 살 수 있는 과자나 음료수와 같이 소비자에게 개별적으로 돈을 받고 팔 수 있는 재화와는 다르지요.

적으로 생각해 보았을 때, 모두들 함께 사용하는 공원을 어느 한 사람이 나서서 개인의 돈으로 지으려고 할까요? 이렇다 보니 사람들은 군이 자신의 개인적인 비용을 지불해 공공재를 생산하려고 하지 않겠지요. 막연히 누군가가 해줄 거라고 기대할 수도 있겠고요. 그리고 설령 내가 먼저 나서서 한다고 해도, 그에 대해 아무런 비용도 지불하지 않은 채 혜택만 누리는 사람들이 있을 테니 이것 역시 지속적으로 이루어지기는 어려울 테고요. 쉽게 말해, 무임승차를 하는 사람들이 나타난다는 거예요. 이러한 이유로 자유 시장 경제에서는 공공재가 부족하게 공급되는 겁니다.

이와 같은 공공재는 자유 시장 경제에서는 공급이 충분하지 못한 상태가 되죠. 필요한 것이 없는 상황이 되는 것입니다. 사회적으로 당연히 있어야 하는 물건과 서비스임에도 불구하고 자발적으로 생산하려는 사람이 없으니, 이것 또한 시장이 적절하게 기능하지 못하는 '시장 실패' 상황이라고 할 수 있습니다.

외부 효과

여러분, 내가 일부러 어떤 활동을 한 게 없는데 우연히 이익을 얻게 되거나 손해를 보게 된 적이 있나요?

"앗! 따가워. 선생님, 모기 물렸어요."

"아, 정말 문제야. 교실에 모기가 많아졌어요. 다 저 쓰레기통 때문이에요!"

그래요. 지금 이 상황도 하나의 예가 될 수 있겠군요. 자음이와 모음이는 그냥 평소와 같이 학교생활을 하고 있는데 모기가 많아져서 공부에 방해가 되지요. 이렇게 내 활동 중 외부에서 일어난 일로 인해 나타나는 의도하지 않은 혜택이나 손해를 '외부 효과'라고 해요. 외부 효과는 의도하지 않은 행동으로 나타난 결과이고, 또 그것이 주변에 어떤 영향을 미치는지 미리 생각하지 않은 경우가 대부분이어서 이에 대해서는 어떤 대가를 받지도, 지불하지도 않지요.

"그러니까 이놈의 모기가 아무도 쓰레기통을 비우지 않은 것에 대한 외부 효과라는 거네요."

"선생님, 그런데 얼마 전 저희 집 앞에 공장이 들어서면서 어른들이 걱정을 많이 하셨던 게 생각나요! 공장에서 나오는 오염 물질로 마을의 환경이 파괴되어 손해를 입게 되고, 또 우리 건강도 나빠진다고 말이에요. 그래서 어른들이 처음에 공장 짓는 걸 반대하는 서명 운동도 했었어요."

그랬군요! 모음이가 방금 외부 효과를 아주 정확히 설명해 주었네요. 공장 주인은 자신의 자유에 따라 경제 활동을 한 것이고, 그러한 활동이 누군가, 혹은 다른 산업에 피해가 갈 거라는 건 별로 생각하지 않지요. 주민들 입장에서는 공장이 다른 곳으로 옮겼으면 하는 마음이 들 텐데 말이에요. 주민들이 겪는 피해는 공장 주인이 애초에 생각하지 않았던 결과로, 이런 것이 외부 효과가 되겠지요.

"흠, 외부 효과는 나쁜 것이군요!"

하하. 꼭 그렇지는 않아요. 외부 효과에는 손해를 입는 것과 이득을 얻는 것 두 가지가 있어요. 지금처럼 주변에 오염된 환경이 있어서 모기가 많아지거나 공장이 들어서면서 환경이 오염되어 손해를 입는 것을 '외부 불경제'라고 해요. 반면에 의도하지 않은 혜택을 얻게 되는 외부 효과를 '외부 경제'라고 하지요.

그럼 우리가 겪을 수 있는 외부 경제에는 어떤 것이 있는지 생각해 볼까요?

"어제 학원 갔다가 늦은 시간에 집에 가는데요, 집으로 가는 골목 길이 깜깜한 데다가 아무도 없어서 정말 무서웠어요. 혼자서 불안해 하면서 가고 있었는데 모퉁이를 돌자 어떤 꼬마 아이랑 아줌마가 손 잡고 얘기하면서 가고 있는 거예요. 와, 정말 모르는 사람들인데도 정말 반갑고 고맙더라고요. 그 사람들이 걷는 속도에 맞추어 따라갔어요. 다행히 가는 길이 같아서 제집 앞까지 거의 갔어요. 아는 사람도 아니고, 그래서 따로 인사는 안 했지만 정말 감사했어요."

모음이가 외부 효과를 잘 이해하고 있군요.

조금 더 찾아볼까요?

"음, 학원에서 옆에 있는 애가 방귀를 뀌었어요. 선생님, 이건 외부 불경제죠?"

맞습니다. 그 경우는 외부 불경제라고 할 수 있겠네요. 물론 그 친구가 일부러 그런 건 아니겠지만요. 하하.

이런 경우들도 있어요. 과수원 옆에 벌을 키워 꿀을 만드는 양봉원이 있다고 해 봅시다. 양봉업자는 과수원의 과일 나무에 벌꿀이 몰려들면서 더 많은 꿀을 수확할 수 있게 되었어요. 양봉업자가 과수원 덕을 톡톡히 본 셈이지요. 하지만 양봉업자는 과수원 주인에게 어떤 대가를 지불하지 않아도 됩니다. 이런 게 바로 외부 경제인 거예요.

이렇게 우리는 본인이 의도하지 않은 가운데 다른 사람에게 혜택이나 손해를 가져다주는 경우가 많아요. 또 본인은 그 일이 다른 사람한테 혜택이나 손해가 가는지 모르지요. 그래서 이에 대한 대가가 오고 가지 않게 됩니다. 그러니 이것은 경제적 이익과 손해가 발생함에도 불구하고 시장에서 거래되지 않은 상황이라고 할 수 있겠지요. 이 역시 시장의 영향력이 미치지 못하는 상황이므로 시장이 이런 효과를 스스로 일으키거나 통제하지 못하는 경제 상황인 '시장 실패(市場 失敗)'가 됩니다.

시장 실패

시장이 자원의 효율적인 배분과 공정한 소득 분배에 실패한 상황을 말합니다. 독·과점과 같은 불완전 경쟁 현상, 공공재의 부족 현상, 외부 효과 등의 현상이 대표적입니다.

그러면 정부는 어떻게 해야 할까요? '외부 불경제'처럼 의도하지 않은 피해가 오는 걸 막고, 또 반면에 '외부 경제'처럼 부가적인 이득이 늘어나도록 이끌어야 할 텐데요.

"음……. 좋은 일을 하는 사람들이 많아지도록, 그런 사람들에게 보상을 해 주면 좋을 것 같아요!"

맞아요. 외부 효과(外部效果)는 시장 실패인 만큼 정부가 나서서 어떤 대안을 내서 조정을 해 줘야 하지요. 바로 특정 행위를 의무화하거나 금지함으로써 외부 효과 문제를 해결할 수 있어요. 전체 경제에 이득이 되는 행동에는 보조금을 지급하거나 세금을 감면해 줄 수도 있겠지요.

예를 들어 과수원이 일정 면적으로 늘어나는 게 국가 경제에 이득이 된다면 사람들에게 과수원을 늘릴 수 있도록 추가 비용을 보조해 주면 되겠지요. 그러면 이전보다는 많은 사람들이 과수원을 만들려고 하겠지요? 반대로, 부정적 효과를 일으키는 '외부 불경제'를 막으려면 법적인 규제를 만들 수도 있을 거예요. 공장의 오염 물질 배출량을 줄이거나 정화 장치 설치를 의무화할 수도 있겠지요. 현대 사회에는 복잡한 문제들이 많이 발생하기 때문에 개인에게만 모든 것을 맡길 수가 없답니다. 정부가 직접 나서서 적절한 규제를 가해 줘야 하는 것이죠. 이것이 바로 나, 케인즈의 생각이었답니다.

온라인 쇼핑이 왜 더 쌀까?

대개의 경우 같은 물건을 오프라인에서 살 때보다 온라인에서 살 때 가격이 더 쌉니다. 그러나 물건을 직접 보고 판단해야 하는 경우는 아무리 가격이 싸더라도 온라인 쇼핑이 더 불편하지요.

예를 들면 옷 같은 경우가 그렇습니다. 막상 주문을 해 보면 디자인이나 색상, 품질 등이 생각하던 것과 다를 때가 많습니다. 이런 경우가 많아서 옷처럼 물건의 내용이 명확하지 않은 품목들은 값을 조금 더 주더라도 온라인보다 오프라인을 선호하는 사람이 많습니다. 하지만 물건의 품질이나 내용이 명확한 품목이라면 더 싼 곳에서 구매가 이루어지겠죠. 대표적인 경우가 책입니다. 이미 출판되어 나온 책은 온라인이든 오프라인이든 어디서나 같은 품질입니다. 당연히 소비자들은 저렴한 온라인 서점을 많이 이용하게 되지요.

그렇다면 온라인 서점은 왜 가격이 쌀까요? 일단 비용이 적게 들기 때문입니다. 현실 공간에 서점을 마련할 필요가 없으니 서점 임대료, 직원 임금 등의 각종 운영비가 줄어들지요. 또 오프라인보다 온라인에서 경쟁이 더 치열하기 때문입니다. 생각해 보세요. 오프라인은 일단 서점을 낼 수 있는 장소부터가 제한되어 있지요. 현실적으로 서점이 계속 생겨나고 계속 경쟁이 일어나기 어려운 상황이지요. 하지만 온라인은 다릅니다. 장소에 제약이 거의 없잖아요. 계속해서 새로운 경쟁자가 등장할 수 있는 무한 경쟁 상태에 가깝죠.

원래 고전 경제학에서 상상했던 완전한 시장이 이와 비슷했습니다. 모든 물건의 질은 동일하고 시장엔 언제라도 새로운 경쟁자가 나타날 수 있으며, 생산자와 소비자가 다수이고, 가격이나 품질 등에 대해 모두가 알 수 있도록 공개된 시장 말입니다. 이런 조건들이 갖추어지면 가장 치열한 경쟁 시장이 되는 것이죠. 당연히 가장 낮은 가격이 형성될 것이고요.

  하지만 현실은 이런 조건들을 만족시키기 어렵지요. 결국 완전 경쟁 시장은 이론적으로만 존재할 뿐이라고 생각하게 되었습니다. 하지만 정보 · 통신 기술의 발전이 새로운 시장을 만들어 냈어요. 바로 온라인 공간에서의 시장이지요. 때문에 시간과 공간의 제약을 극복한 온라인 시장은 더 높은 경쟁과 더 낮은 가격으로 시장의 효율성을 높여 가고 있지요.

세계를 뒤흔든 경제 대공황

경제 대공황은 인류 역사상 유례없는 오
랜 기간 지속된 경기 침체 상황이었습니
다. 이런 비극적인 상황은 왜 발생했던 걸
까요? 그리고 어떻게 대처해야 할까요?

수능과 유명 대학교의 논술 연계

2011년도 수능 (경제) 4번

성균관대 2009년도 수시2-Ⅱ (인문-오전) [문제2]

대공황의 발생

세 번째 수업에서는 시장 경제에서 발생한 대공황에 대해 알아봅시다.

먼저 두 아저씨들의 대화를 살펴보도록 하지요.

"자네 일자리는 구했나?"

"말도 말게. 공장마다 물건이 팔리지 않아 재고를 산더미처럼 쌓아 놓고 있는데, 새로 사람을 뽑겠나? 그러니 일자리는 없고, 온통 실업자들뿐이구먼. 큰일일세! 일을 못해 수입이 없으니 당장의 생활도 막막하고, 자네가 운영하는 빵집은 괜찮은가?"

"장사가 될 리가 있나? 다들 어려우니 빵이 팔리질 않아. 수입이 줄어드니 나도 이제는 돈 쓰는 것을 줄이고 있다네."

"다들 그렇게 씀씀이를 줄이면 물건이 안 팔리고, 또 지출을 줄여야 하고……. 이게 악순환이 되어 점점 더 장사가 안 될 테고 말이야."

"그러게. 어떻게 해결 방법을 찾아야 할 텐데 말이야……. 무료로 음식을 얻어먹는 사람들이 갈수록 늘고 있으니, 원."

이 아저씨들이 처한 상황이 어떤 것 같은가요?

"일자리도 없고, 돈도 없고, 필요한 물건도 살 수 없어 생활이 많이 어려울 것 같아요."

그렇습니다. 공황은 생산도 소비도 급격히 나빠져 정상적인 경제 생활이 어려운 심각한 경기 침체 상태를 말하지요. 그럼 먼저 1929년 부터 시작된 '세계 대공황'의 상황을 살펴볼까요?

1929년 10월 24일 목요일, 미국 뉴욕 월가의 '주식 거래소'에서 주가가 대폭락하는 사건이 일어났습니다. 주식의 가격을 '주가'라 하는데, 이것은 기업의 현재 상태와 앞으로 전망이 반영된 중요한 수치입니다. 이런 주가가 대폭락을 했다는 건 큰 의미가 있지요. 더군다나 주식 시장의 많은 기업들의 주가가 일제히 하락했다면 전체적인 경제 상황이 급격하게 나빠질 것으로 예상되는 상황인 것이죠. 대공황 시기에는 주가가 급속히 하락하여 최고치에서 80%가 넘게 하락하였습니다. 역사상 최악의 주식 폭락 사태가 벌어진 이 날을 '검은 목요일'이

월가
세계 금융 시장의 중심가로, 세계 제일의 규모를 자랑하는 뉴욕 주식(증권) 거래소를 비롯하여, 증권회사·은행이 집중되어 있는 세계 경제의 중심이라 할 수 있습니다. 식민지 시대에 성벽으로 둘러싸여 있었다 하여 월 스트리트(wall street)라는 이름으로도 불립니다.

주식
기업이 투자를 받으면서 기업의 주인된 권리를 인정해주는 증서를 말합니다. 회사의 발전 가능성에 따라 투자의 양과 주식의 가격이 달라지므로 기업과 기업이 포함된 경제의 상황을 판단하는 지표로 많이 활용됩니다.

라 부르기도 한답니다.

　이렇게 시작된 대공황은 급속히 악화되어 조금 전에 얘기한 것처럼 기업의 상황은 매우 나빠졌어요. 물건이 팔리지 않아 재고로 쌓여 가고 있었기 때문이지요. 물건이 자꾸만 쌓이니 기업은 생산량을 줄이게 되었고, 생산량을 줄이니 직원들을 내보내는 악순환이 반복되었지요.

　대공황은 일반적으로 1929년에 있었던 월가의 주식 시장 붕괴의 결과로 알려져 있지만, 실은 보다 더 깊고 복잡한 문제들에 의해 일어난 것이었지요. 오랫동안 농산품의 가격이 떨어져 있었기 때문에 농부들은 수입이 줄어 소비를 할 수 없었죠. 게다가 중앙 유럽에서 발생된 금융 위기는 대서양을 건너 미국에까지 충격을 주었답니다. 미국의 낡고 불안정한 은행 체계는 이를 견디지 못하고 줄줄이 도산하고 말았지요. 대공황의 원인은 아직도 정확히 밝혀지지 않았을 정도로 매우 복잡한 상황과 요인으로 얽혀 있습니다.

　1929년에 3%대였던 **실업률**(失業率)이 4년 후에는 25%까지 높아졌어요. 실업자 수도 155만 명에서 1,280만 명으로 늘어났어요. 네 명 중 한 명은 당장 일자리가 없는 상태라는 것이죠.

　미국에서 시작된 공황은 세계 경제에 영향을 미치면서 순식간에 전 세계를 불황에 빠뜨렸는데 이를 회복하는 데 10년도 넘는 세월이 걸렸답니다. 그래서 이 엄청난 불황을 '세계 대공황'이라고 부릅니다.

실업률
일을 할 능력과 의욕이 있는 사람들이 일을 못하고 있는 상태를 실업이라 하며 이들이 차지하는 비율이 실업률입니다.

교과서에는
세계 대공황은 장기적인 경기 침체가 심하게 나타난 현상으로 1929년 10월 미국에서부터 시작되어 1930년대에 전 세계를 휩쓸었답니다.

상황을 시장에 맡겨 놓고 가만 놔두기만 하면, 시장이 알아서 모든 문제들을 스스로 조절하여 해결한다고 믿었는데, 바로 그 시장에서 심각한 문제가 발생한 것이지요. 이전까지 자유방임주의에 의해 유지되어 왔던 자본주의가 새로운 상황에 흔들리기 시작했고, 더 이상 자유방임주의라는 낡은 경제 이론으로는 현실을 진단할 수 없게 되었습니다.

대공황의 분석

"시장에서 왜 문제가 생긴 거예요? 문제가 생기면 바로 해결할 순 없었나요?"

당시 대공황을 겪던 사람들도 자음이처럼 궁금해 했죠. 하지만 당시의 경제학자들은 이런 경기 침체 상황을 자연스러운 현상으로 보았어요. 때문에 당장 문제를 해결하려고 하기보다는 시장에 맡겨 두고 기다리면 결국은 다시 회복될 것이라고 진단했지요. 나라의 경제 정책을 결정하는 사람들조차 경제는 언제나 완전 고용을 이루고 있으며, 실업은 일시적인 현상에 불과하다는 착각에 빠져 있었어요. 대공황이 심했을 때 미국의 총생산은 정상적인 수준의 절반 정도였고, 노동자 네 명 중 한 명은 실업 상태였는데도 말이에요.

◆ 케인즈가 들려주는 수정 자본주의 이야기

교과서에는

경기의 움직임은 우리의 삶에 큰 영향을 미치는데 보통 '경기가 좋다.' 혹은 '경기가 나쁘다.'라고 표현하기도 하지요. 장기적인 관점에서 보면 성장하는 추세이지만 끊임없이 '확장→후퇴→수축→회복'의 과정을 반복하며 변동하는 것을 알 수 있어요. 마치 파도가 일렁이는 모습을 보이는데 이를 경기 순환(business cycle)이라고 합니다.

[그림 1]을 보면 좀 더 이해가 쉬울 거예요. 이것은 경기 변동을 표현한 그림이에요. 경기가 늘 안정된 중간 상태에만 있는 건 아니에요. 하지만 호황을 겪다 보면 불황이 나타나는 상황들이 반복되고 있지요. 공황은 경기가 가장 낮은 지점 중에서도 가장 밑에 있는 점이라고 보면 됩니다. 이 그림대로라면 지금은 공황이지만 기다리면 다시 올라오게 되어 있지요. 1929년 대공황이 발생했을 때, 대부분의 경제학자와 정부 관료들이 이러한 관점에 따라 경기가 곧 회복될 것이라는 낙관론에 빠져 있었어요.

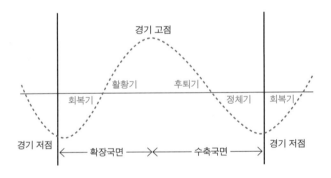

[그림 1] 경기 변동 곡선

하지만 이렇게 있다가는 절대로 대공황을 극복할 수 없을 것이라고 생각했어요. 왜냐하면 대공황은 그때까지의 사회 현상을 설명해 주던 낡은 경제 이론으로는 해법을 찾을 수 없었거든요. 새로운 현실에 맞닥뜨린 것이죠. 당시 사회를 지배하던 경제 이론은 '수요와 공급의 가격 결정론'이었거든요.

"수요와 공급의 가격 결정론이라고요? 음, 그게 뭐예요?"
"경제는 너무 어려워요! 특히 그래프가 나오면 뭐가 뭔지 하나도 모르겠어요."

하하. 그렇지만 경제는 알고 보면 그리 어렵지 않아요. 지금부터 아주 쉽게 차근차근 설명해 줄 테니 이 케인즈만 믿고 한번 따라와 보세요! 자, 아래의 그림을 볼까요?

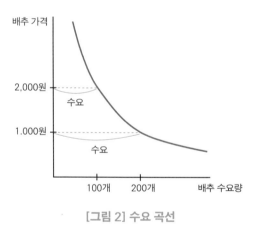

[그림 2] 수요 곡선

소비자의 입장에서 한번 생각해 봅시다. 배추가 원래 한 포기에 1,000원이었다가 다음날 그 두 배인 2,000원으로 껑충 뛰어 올랐어요. 그러면 배추가 잘 팔릴까요, 안 팔릴까요?

"음, 얼마전 저희 엄마가 배추 가격이 많이 올랐다며 그 해 김장을 조금만 담그신 적이 있어요!"

"맞아요. 우리 집도 그런 적이 있어요. 배추 값이 오르면 사람들이 예전처럼 많이 사려고 하지 않을 거예요."

그렇지요. 앞의 그림에서 보는 것처럼, 배추가 1,000원일 때에는 사람들이 배추를 200포기만큼 사려고 했는데, 배추 값이 2,000원으로 오르자 100포기만큼만 사려고 해요. 쉽게 이야기해서, 지금 말하는 '소비자가 배추를 사려고 하는 마음'을 경제학에서는 '수요'라고 합니다. 가격이 오르면 수요가 줄어들고, 가격이 내리면 반대로 수요가 늘어나지요. 그러니까 가격과 수요는 반비례한다고 보는 거예요. 그럼 이제 배추를 생산하는 농부, 즉 공급자의 입장에서 한번 볼까요?

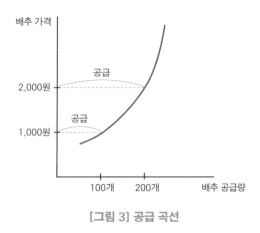

[그림 3] 공급 곡선

자, 이번에도 배추 가격이 1,000원에서 2,000원으로 올랐어요. 그러면 배추를 시장에 공급하는 사람인 농부나 유통업자들은 어떤 선택을 하려고 할까요?

"음, 글쎄요. 아마 배추를 더 많이 키워서 비싼 값에 더 많이 팔려고 할 것 같아요!"

네, 바로 그렇게 생각하겠지요. 배추를 공급하는 사람들은 배추 값이 오르면 신이 날 거예요. 그래서 더 많이 팔아 더 큰 돈을 벌려고 하겠지요? 앞의 그림에서 예로 든 것처럼, 배추 가격이 1,000원일 때는 시장에 배추가 100포기가 공급되었다면 2,000원으로 오를 땐 200포기가 시중에 유통되는 것이지요. 이것이 바로 경제학에서 말하는 '공급'이에요. 방금 전 가격과 '수요'는 반비례한다고 했지요?

자! 이번에는 반대로, 가격과 '공급'은 비례한다고 말합니다.

"선생님, 그런데 질문이 있어요. 배추가 1,000원일 때는 사람들이 배추를 200포기까지도 사려고 하는데, 시중에는 100포기밖에 나와 있지 않아요. 그럼 배추를 사고 싶어도 못 사는 사람들이 생기잖아요? 이런 차이는 어떻게 해결되지요?"

"그러게요. 또 2,000원일 때 사람들이 100포기만 사려고 하는데, 배추 생산자들은 시중에 200포기를 유통시키면 팔리지 않은 배추가 시중에 떠돌게 되잖아요?"

하하, 여러분이 아주 중요한 걸 지적해 줬어요! 그래서 어떤 물품을 사려는 사람이나 공급하는 사람이나 최적의 선택을 하려고 하겠지요? 소비자 입장에서는 더 값싸게! 생산자 입장에서는 팔리지 않아 쌓이는 것 없이 더 높은 가격으로! 그래서 사람들의 이러한 합리적 선택에 의해서 가격은 저절로 조정이 된다고 보았답니다. 그러면 위에서 예로 든 배추 값의 가장 적절한 가격은 과연 얼마일까요? 자, 이제부터는 앞에서 보여준 수요 곡선과 공급 곡선을 하나로 포개어 볼 거예요. 집중하고 잘 살펴보세요.

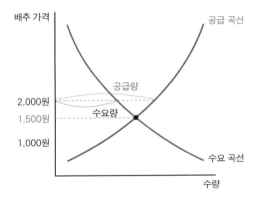

[그림 4] 수요와 공급의 곡선

다시 예를 들어 배추가 2,000원이면 수요량에 비해 공급량이 훨씬 많지요? 이런 상황에서 공급자는 수요량에 맞추기 위해 공급을 줄이려고 할 거예요. 공급 곡선이 아래로 내려가겠지요. 그러면 값이 조금씩 내려가기 시작해 소비에 자극을 주면서 반대로 수요량이

◆ 케인즈가 들려주는 수정 자본주의 이야기

늘어나기 시작한답니다. 자, 그렇다면 이제 공급량과 수요량이 똑같이 맞아 떨어지는 지점이 있겠지요? 그 지점이 바로 시장에 나오는 배추의 적절한 수량과 가격이 된답니다!

"아, 위의 그림에서 봤을 때 배추 값의 가장 합리적인 가격은 바로 1,500원이 되겠네요."
"맞아요. 공급 곡선과 수요 곡선이 만나는 지점이요!"

딩동댕! 정답이에요. 이런 경우에는 배추가 시중에 남아돌거나 부족한 상황 없이 적절하게 유통되겠지요? 또 너무 비싸지도, 값싸지도 않게 말이에요. 지금까지 설명한 것처럼 이전의 고전 경제학자들은 시장에서 완전한 경쟁 상태가 유지된다면 가격은 각각의 경제 주체들에 의해 합리적으로 조정된다고 생각했어요. 이렇게 시장이 조화롭게 균형을 이루는 것이 '보이지 않는 손'에 의한 것이라고 보았지요. 고전 경제학자들은 이러한 시장의 기능을 상당히 신뢰했습니다. 단, 독점이 없다면 말이지요. 배추를 생산하는 사람이 우리나라에 단 한 명일 경우에는 생산자가 마음대로 가격을 올려도 소비자가 어쩔 수 없이 터무니 없는 가격에도 살 수밖에 없으니까요.

고전 경제학자들은 이렇게 독점이 없는 완전한 경쟁이 이루어지는 시장의 모습을 가정하고, 각각의 경제 주체들이 시장에서 이득을 얻건, 손해를 보건, 이는 모두 개인의 판단 능력에 따른 것이라고 여겼어요. 그리고 그 결과는 오로지 개인의 책임이 된다고 보았죠. 그래서 고전 경제학자들은 국가가 할 일이란 독점이 생기지 않도록 규제하는 등, 시장 안에서의 자유 경쟁이 지켜지도록 최소한의 기능만 하는 것이라고 생각했답니다. 정부는 작아져야 한다고 주장했던 것이지요. 이렇게 해서 '개인주의'와 '자유경쟁', '작은 정부' 개념이 생겨나게 되었습니다. '자유방임주의'도 마찬가지이고요.

자, 지금까지 수요·공급 곡선을 왜 이렇게 자세히 설명했는지 아세요? 1929년에 대공황이 발생했을 때, 실업에 대한 고전 경제학자들의 주장과 바로 나, 케인즈의 혁신적 주장을 이해하기 쉽게 대비시켜 설명해 주기 위해서랍니다.

고전 경제학자들은 수요와 공급에 의해 합리적 가격이 결정되던 것처럼, 경제 활동은 개인의 합리적 판단에 따라 균형을 이룬다는 그들의 이론을 모든 시장에 적용시켰어요. 예를 들면 노동 시장에서 '수요'를 기업이 제공하는 일자리, '공급'을 노동자가 제공하려고 하는 노동의 양, '가격'을 임금으로 보는 식이랍니다. 그래서 노동자의 임금이 얼마가 적절한지, 실업은 왜 생기는지 등을 위와 같은 방식으로 생각했지요. [그림 5]를 다시 한 번 살펴볼까요?

1929년 대공황이 오자 경제학자들은 도대체 대량 실업이 왜 생겼는지를 설명해야 했어요. 그리고 '수요와 공급의 가격 결정론'에 따라 그들이 생각한 것은 바로 '임금이 너무 높기 때문이 아닐까?'였지요. 왜냐하면, 임금이 적정 수준보다 높기 때문에 일하려는 사람이 많아졌다고 보았거든요. 하지만 똑같은 이유로, 임금이 높아졌기 때문에 고용하려는 사람은 적어지겠지요? 이런 이유들 때문에 양쪽

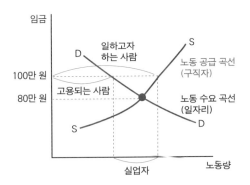

[그림 5] 전통적 경제 이론에 따른 실업의 발생

사이에 틈이 생기게 되지요. 일하려는 사람, 즉 전체 구직자 중에서 고용되는 사람을 뺀 나머지 사람이 누가 될까요? 바로 실업자를 가리키지요.

"선생님, 만약에 임금을 낮춘다면요? 배추 가격을 낮췄듯이 말이에요."

네, 자음이가 내 설명을 잘 따라와 주고 있군요.

앞의 그림을 보면 임금이 100만 원일 때, 실업이 생긴다고 가정하고 있어요. 그러면 임금을 조금씩 더 낮춰보면 어떻게 될까요? 노동자에 대한 임금 지불의 부담이 전보다 적어진 고용자는 일자리를 더 늘릴 수 있겠지요. 노동의 수요 곡선이 아래로 내려갑니다. 반면, 늘어난 일자리만큼 고용된 사람이 늘어나겠지요. 더 적어진 임금에도 일하겠다는 사람이 있을 수 있으니까요. 노동 공급 곡선이 올라갑니다. 그렇게 하다 보면 두 곡선이 만나는 지점이 생기겠지요? 바로 노동시장에 나타난 일자리의 수와 일하려는 사람의 수가 같아지는 지점이요. 이것이 완전 고용 상태로, 고전 경제학자들의 눈에는 80만 원이 적절한 임금으로 보이는 것이지요. 그래서 그들은 100만 원 하던 임금을 80만 원으로 낮춰야 실업을 극복할 수 있다고 말했어요.

하지만 자신들의 이러한 이론에도 불구하고 현실에서 임금이 내려가지 않는 건, 일반 시장에서 독점이 존재하는 것처럼 노동 시장에도 '독점'이 있기 때문이라고 생각했어요. 임금이 깎이는 것을 반대하는 근로자들의 조직, 즉 노동조합의 행동이 바로 독점이라는 것이지요. 그래서 그들은 1929년의 대공황 극복을 위해 노동조합을 통한 노동자의 높은 임금 요구를 타파하고 자유로운 시장을 부활시켜야 한다고 주장했어요. 이것이 자유 경쟁 자본주의 사상에 바탕을 둔 전통적 이론이었습니다.

"음…… 그런데 선생님! 그렇게 되면 높은 임금을 요구하는 노동자를 비난하는 분위기가 될 것 같은데요?"

그럴 수 있지요! 전통적인 사고방식을 가장 잘 드러낸 것은 바로 당시 실업자를 게으름뱅이라고 부르던 것이었어요. 왜냐하면 일하지 않고 빈둥거리는 사람은 '이렇게 싼 임금으로는 일하기 싫다.'라고 말하는 것으로 여겼거든요. 고전 경제학자들의 논리대로라면 노동 시장에서 알맞게 조정된 수준 이상의 높은 임금을 요구하는 사람은 취직할 수 없어요. 그래서 이런 이유 때문에 일하지 않는 사람은 게으르다는 것이지요. 이것을 '자발적 실업'이라고 보았고요. 그렇지만 대공황 때는 완전히 다른 현실이 펼쳐졌어요. 예전과 같은 임금으로라도 어떤 일이든지 하고 싶어 하는 사람이 거리에 넘쳐 났다는 점이에요. 이 사람들을 모두 다 게으르다고 말할 수 있을까요?

게다가 수백만 명의 사람들이 더 적은 임금이라도 상관없다며 일자리를 찾아 헤맸지만 온통 '구직자 사절'이라는 글자만 보일 뿐이었죠. 불경기로 인해 임금은 이미 내려가고 있었어요. 이런 상황에서 완전 고용 상태에 도달할 만한 적정 수준보다 임금이 높기 때문에 실업이 발생한다는 고전 경제학자들의 이론은 더더욱 이해할 수 없었지요!

"이야, 케인즈 선생님이 드디어 새로운 이론을 들고 나타나신 거네요?"

네, 그랬답니다. 결국 대공황이 발생한 지 7년이 지난 1936년에 『고용·이자 및 화폐의 일반이론』이라는 책을 집필하기에 이르렀습니다. 줄여서 『일반이론』이라고 부르기도 하지요. 이 책에서 전통 경제 이론을 뒤집는 주장을 펼쳤지요.

대공황 이후 1930년대에 들어서 펼쳐 보인 '새로운 경제학'의 탄생은 대량 실업의 전통적인 대책, 즉 임금 삭감에 대한 반발에서 시작했던 것이었어요. 대공황이 가져다 준 대규모의 실업 사태를 임금을 깎는다고 해결할 수 있을까요? 나는 그렇게 생각하지 않았어요. 새롭게 노동 시장을 분석하기 시작했지요.

케인즈의 새로운 경제 이론

1929년 대공황 때 현재 수준이거나 그 이하의 임금에서도 일하고 싶어 하지만 일자리를 구하지 못하는 노동자들이 많다는 현실에 주목했어요. 이것은 노동자 자신도 어쩔 수 없는 '비자발적 실업'이었거든요. 고전 경제학자들이 말했던, 높은 임금이 아니면 일하지 않겠다는 '자발적 실업'과는 반대의 개념이지요. 이런 생각을 나타낸 것이 바로 아래의 그림이죠.

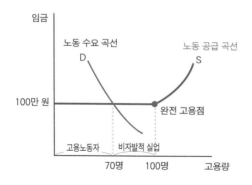

[그림 6] 케인즈의 이론에 따른 실업의 발생

"어? 이 그래프에는 직선이 있어요!"

"그러게요. [그림 5]의 전통적 경제 이론 그래프에서는 볼 수 없는 직선이에요."

그렇지요? 예를 들어 100명의 노동자가 있고 어느 기업이 제공하는 임금은 100만 원이라고 가정해 봅시다. 이 100명이 다 취직되어야 '완전 고용' 상태가 되겠지요? 전체 100명의 노동자 중에는 현재의 임금 100만 원에 만족하는 사람도 있고, 100만 원보다 더 적은 임금을 받더라도 일할 수 있다고 생각하는 사람도 있을 거예요.

따라서 100만 원의 고정된 임금에 일할 의사가 있는 100명의 노동자는 직선으로 표현돼요. 그런데 만약 100만 원이 너무 적다고 생각해서 그 이상을 줘야 일하겠다는 노동자가 있다고 해봐요. 또 기업이 더 많은 노동량을 필요로 하게 되어 노동자들에게 일을 더 시켜야 한다면 임금을 점점 올려야 하겠지요? 그래서 이 부분은 '완전 고용점' 이후 위로 상승하는 곡선을 그리게 되지요.

그런데 기업이 제공하는 일자리는 한정되어 있어서 '노동 수요 곡선'은 움직이지 않아요. 그래서 '노동 공급 곡선'과 만나는 지점까지만 채용이 되는 것이고, 그 구직자를 70명이라고 할게요. 그러면 나머지 30명의 사람들은 100만 원, 혹은 그보다 적은 임금이라도 괜찮지만 일을 할 수 없는 '비자발적 실업'이 되는 것이랍니다.

내가 생각하는 완전 고용은 이러한 '비자발적 실업'을 없애는 것이었어요. '노동 수요 곡선' '노동 공급 곡선'이 '완전 고용점'에서 만나기 위해서는 어떻게 해야 할까요? 임금을 내리자고요? 흠! 그렇게 아니라 '노동 수요 곡선'을 오른쪽으로 이동하게 해야지요! 바로 일자리를 늘리라는 말이었답니다. 아래 그림의 D′ 선처럼 말이지요.

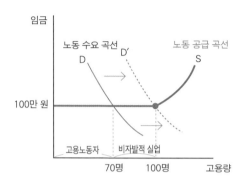

[그림 7] 케인즈의 완전 고용 곡선

　고전 경제학자들이 '임금이 너무 높아 실업이 발생했다.'고 말하는 것은 노동자에게 책임을 떠넘기려는 생각이 깔린 것이었어요. 전통적 이론이 말하듯 임금을 줄이면 언뜻 보기에 기업의 지출 비용이 줄어들어 이윤이 늘어나고 일자리가 늘어날 것 같지만, 실은 그렇지 않아요. 내가 생각하기에 그런 방식으로 실업을 해결하려 하면 노동자의 소득이 줄어 가계가 위축되고 결국 사회 전체의 소비가 힘을 잃게 되지요. 그러면 기업은 소비를 많이 하도록 유도하기 위해 제품 가격을 내릴 수밖에 없고, 또다시 일자리를 줄이게 될 거라고 생각했지요. 결국 아무것도 해결이 되지 않는 거예요! 임금을 깎을 게 아니라 일자리를 늘릴 궁리를 해야 되는 것이었죠.

"선생님, 그러면 일자리를 어떻게 늘려요? 대공황 때처럼 경기가
침체되어 있으면 기업들도 일자리를 늘릴 수 없잖아요."

그래서 나는 이런 건 정부가 나서서 해줘야 한다고 생각했어요.
정부는 공공 지출을 통해 사회의 생산량을 늘려 '비자발적 실업'을
없애서 일하고 싶은 사람을 일하게 해주어야 돼요. 이전의 경제학
자들이 정부가 시장에 개입하는 것을 반대하고 개인의 자유로운 경
제 활동을 요구했던 것과는 정반대의 주장이지요? 이런 생각이 잘
드러나는 사례가 바로 대서양 건너 미국의 루즈벨트 대통령이 펼친
'뉴딜 정책'이었습니다. 다음 시간에는 '뉴딜 정책'에 대해 이야기해
줄게요.

일자리를 잃었어. 돈이 없으니 필요한 물건을 살 수가 없어.

소비가 줄어드니 재고만 쌓이네. 직원을 줄여야겠어.

일자리가 필요해.

공장문을 닫아야겠어.

1929년 미국에서 대공황이 시작되었단다.

소비가 줄어 생산이 줄고 공장이 문을 닫고 실업자가 증가하고 소비가 더욱 위축되는 악순환이 이어졌죠.

관료와 학자들은 주장했지

걱정마세요. 시장에 맡겨두면 다 해결될 겁니다.

정부관료→

실업 증가의 원인은 높은 임금입니다. 임금을 낮추면 고용이 늘어날 거에요.

학자→

그때 내가 나섰지

No! 그건 낡은 생각이오. 일자리를 늘려야 해.

경기가 바닥인데 어떤 기업이 일자리를 늘린단 말이오. 헛소리 마쇼!

정부가 나서야지요!!

뉴딜 정책과 수정 자본주의

대공황 당시 대통령으로 당선된 루즈벨트는 불황을 극복하기 위하여 '뉴딜 정책'을 추진했습니다. 정부의 적극적인 개입을 통해 시장을 보완하는 '수정 자본주의'가 등장하게 된 것이죠.

수능과 유명 대학교의 논술 연계

2009년도 수능 13번

성균관대 2009년도 수시2-Ⅱ 논술고사(인문) [문제1]

중앙대 2009년도 수시2-2학기 논술(인문계열 1) [문제2]

2005년도(9월) 평가원 18번

루즈벨트의 뉴딜 정책

미국은 대공황의 상황을 벗어나고자 어떤 결정을 해야 했을까요?

물론 시장 경제의 한계를 지적하고 '유효 수요를 창출하기 위해 정부가 적극적으로 나서야 한다고 주장하기는 했지만, 지금까지 믿고 운영해 오던 사회 제도를 한 번에 바꾼다는 것은 무척 어려운 일이지요. 사실 해 보기 전에는 성공하리라는 보장 또한 쉽사리 확신할 수는 없잖아요. 만일 시도하다가 잘못되기라도 하면 어떨지 걱정이 앞서기도 하고요. 더군다나 수많은 사람들의 생활이 달린 문제이기 때문에 쉽게 결정하고 바꾸기는 더욱 어렵지요.

이러한 시기에 중대한 결단을 내리고, 시장에 대한 정부의 적극적인 개입을 실현시킨 정치인이 있었어요. 그가 바로 미국의 32대 대통령 **루즈벨트(Franklin Delano**

> **루즈벨트**
> 미국의 제32대 대통령(재임 기간, 1933~1945)으로 강력한 내각을 조직하고 경제 공황을 극복하기 위하여 뉴딜 정책을 추진한 것으로 유명합니다.

Roosevelt)입니다.

뉴딜(New Deal)에서 딜(Deal)은 원래 카드 게임에서 카드를 한 장씩 분배하는 것을 말합니다. 그래서 카드 게임할 때 카드 나눠 주는 사람을 딜러(Dealer)라고 부르지요. 뉴딜이란 카드를 새롭게 분배하는 것, 즉 이제는 정부가 적극적으로 시장에 나서서 지금까지와 다른 새로운 시장 질서를 만들겠다는 의미입니다. 정부의 개입을 배제한 채 자유로운 시장 질서에 모든 걸 내맡겨 왔던 기존의 태도와는 완전히 다른 대안이 등장한 것이지요.

미국은 자유의 가치를 숭상하는 나라로, 개인의 능력에 따른 성공을 높이 평가합니다. 능력만 있으면 자유로운 경쟁 사회에서 누구나 성공할 수 있다는 신념! 멋지지요? 그래서 당시 사람들은 미국을 기회의 땅, 자유의 땅이라고 평가했습니다. 미국에는 종교와 언론의 자유가 있었고, 능력만 있으면 누구나 성공할 수 있었지요. 이것이 바로 '아메리칸 드림(American dream)'이었습니다. 덕분에 당시 미국에서는 성공이 개인의 탁월한 능력을 증명하는 유일한 증거가 되었지요. 그러니 사람들이 너도나도 자신의 성공만을 위해 매달리게 되었고요. 당시 시대상을 잘 이해할 수 있는 소설이 하나 있는데요, 여러분, 스콧 피츠제럴드라는 미국인 작가가 쓴 장편 소설 『위대한 개츠비(The Great Gatsby)』를 들어 본 적이 있나요?

"네, 그런데 읽어 보지는 못했어요."

하하. 아직 여러분에게는 조금 어려울지도 몰라요. 하지만 아주 중요한 문학 작품인 만큼 잠시 여기서 언급하고 넘어가도록 하지요. 『위대한 개츠비』는 대공황 이전의 1920년대 미국 사회를 매우 사실적으로 묘사한 작품이랍니다.

간략한 줄거리를 말하자면, 아메리칸 드림에 젖어 성공을 꿈꾸던 개츠비라는 이름의 가난한 청년이 있었는데 개츠비는 상류층 여성인 데이지를 사랑하게 됩니다. 개츠비에게 있어서 아름답고 부유한 데이지는 '아메리칸 드림'의 상징이나 마찬가지였어요. 하지만 데이지는 부유한 남자와 결혼했고, 개츠비는 밀수업으로 큰돈을 번 뒤 데이지의 옆집으로 이사와 그녀를 보기 위해 매일 밤 파티를 엽니다. 데이지의 환심을 사기 위해 모든 걸 다 바쳤던 것이죠. 이러한 개츠비의 아메리칸 드림은 과연 이루어졌을까요? 결론적으로 말하면 이 이야기는 비극으로 끝나고 맙니다. 부유함과 성공의 환상에 젖어 있는 여러 인물들 사이의 오해로, 개츠비는 비참한 죽음을 맞이하지요.

이 소설의 배경이 되는 1920년대 미국은 전에 없던 호황을 누리고 있었습니다. 제1차 세계 대전이 일어나자 미국은 전쟁 중인 나라에 여러 물자를 공급하며 급속도로 경제를 성장시켰어요. 그래서 소설 속 개츠비처럼 단숨에 떼돈을 번 벼락부자들이 등장하게 되지요.

1928년에 미국 대통령으로 당선된 허버트 후버가 "모든 냄비에 닭고기를, 모든 차고에 자동차를 약속합니다!(I will promise you a chicken in every pot and a car in every garage)"라는 구호를 외쳤던 것이 당시의 사회상을 잘 반영해 주고 있지요. 대공황 이전의 미국인들은 물질적 풍요를 통해서 정신적 안정과 행복을 찾으려고 했어요. 하지만 개츠비가 자신의 아메리칸 드림에 의해 허무한 죽음을 맞이했듯이 미국인들도 그들의 꿈에 몰락하고 마는 상황을 겪게 되지요. 바로 1929년 대공황을 맞이하면서 말이에요.

자유와 경쟁. 이것이 항상 장밋빛 미래를 보장해 줄까요? 경쟁을 하면 승자가 있듯, 당연히 패자도 등장합니다. 개인의 능력과 자유, 경쟁, 성공 등을 중요시하는 분위기에서는 승자는 승리를 만끽하지만 패자에게는 혹독해지기 쉬워요. 누군가가 실패하면 그 실패가 사회의 구조적인 문제에 있었다기보다는 순전히 개인의 무능력 탓이라는 쪽으로 생각하게 되거든요.

자, 그러면 이렇게 경쟁에서 밀려난 가난하고 실패한 사람들은 과연 어떻게 되는 걸까요?

뉴딜 정책은 바로 이러한 관점에서 지금까지 경쟁의 원리에 의해 소외되었던 사람들을 구제(Relief)하고, 문제점이 드러난 금융과 산업 등에 관련한 여러 제도를 개혁(Reform)하고자 했던 정책이었어요. 정부의 이러한 선택은 이전의 자유방임주의로 일관했던 미국에 새로운 개혁의 바람이라고 해도 과언이 아니었지요.

루즈벨트는 정부 차원에서 은행과 농업에 막대한 지원을 하고, 실업자와 빈곤에 대한 구제책을 만들었어요. 시장이 제멋대로 돌아가게 놔두지 않았던 거죠. 통화에 대한 정부의 규제력을 높이고, 각 산업 부분마다 기업가들이 공정한 규정을 준수하게 하였지요. 그리고 노동자의 권익을 보호하는 법을 제정하였죠. 그리고 그 유명한 테네시 강 유역에 대규모의 국토 개발 계획을 실시하였습니다.

이러한 각고의 노력과 당시의 역사적인 사건들이 한데 어우러져 1932년 이후 미국 경제는 빠르게 회복되기 시작했어요. 경기의 회복과 함께 루즈벨트의 인기도 올라가 1936년 재선에 성공하게 되지요. 그러니 그의 뉴딜 정책은 더욱 강력하게 이루어질 수 있었겠죠.

지금은 이 모든 것들을 간단하게 이야기하지만, 대공황 이후 여러 번의 고비가 있었고 공황을 완전히 벗어나기까지는 전 세계적으로 10여 년이 넘는 긴 시간이 필요했어요. 그래도 루즈벨트의 뉴딜 정책은 시장이 자유롭게 돌아가도록 놔두느냐, 아니면 시장에서 발생하는 문제를 보완하기 위해 정부가 나서야 하느냐의 문제를 고민했다는 점에서 그 의미가 크다고 볼 수 있지요. 그래서 정부의 정책을 통해 시장의 한계를 보완할 수 있는 방법을 찾았고, 시장과 정부의 역할이 공존하는 새로운 경제 질서를 만들었다는 데 의의가 있지요.

특히 테네시 강 유역에 대규모의 토목 공사를 일으킨 일은 매우 유명합니다. 이 정책을 들여다 보면 앞으로 자세히 공부하게 될 '유효 수요'를 어떻게 활용했는지 잘 알 수 있습니다.

그럼 이제 테네시 강 유역의 개발 공사를 살펴볼까요?

테네시 강 개발 사업

뉴딜 정책을 대표하는 사업으로 기억되는 것이 바로 테네시 강 유역의 종합개발 사업입니다. 이 사업은 테네시 강 유역에 26개의 대형 댐을 건설하고, 수로를 정비하여 수상 교통으로 활용하도록 하고, 강 유역에 유원지, 낚시터 등을 세워 주민들을 위한 편의 시설을 만드는 종합적인 개발 사업이었죠. 테네시 강을 따라 미국 남부 7개 주에 걸쳐 이루어지는 엄청난 대공사였습니다.

교과서에는

세계 대공황기에 미국이 대규모의 댐 건설 사업을 벌인 것은 바로 정부에 의해 수요를 늘리기 위함이었어요. 수요를 늘리기 위해서라면 정부가 공공사업을 벌이는 것만큼 좋은 방법이 없었지요.

그럼 여러분, 이런 대공사가 사람들에게 어떤 도움이 되었을까요?

"공사를 진행할 사람들이 필요할 테니, 일자리를 만들어 줄 수 있어요."

"일자리가 생기면 근로자에게 소득이 생기고, 그러면 소비도 늘어나겠죠? 그러니까 '유효 수요'를 만들어내는 효과가 있어요."

"또 도로나 주민들의 편의시설 같은 공공재를 생산하는 것 같아요."

잘 이해하고 있군요. 맞습니다. 테네시 강의 개발 사업과 같은 대규모 공사를 통해 사람들에게 일자리를 만들어 주면, 사람들은 못하던 가족 외식도 하고, 아이들에게 옷과 장난감도 사 주고, 돈이 없어서 못하던 소비들을 늘릴 수 있겠죠. 이렇게 여러 분야에서 산업 활동을 활발하게 하는 효과가 나타나는 거죠. 바로 '유효 수요'를 만들어 내게 되는 겁니다.

"구덩이를 파게 하고 임금을 지불한다. 다시 구덩이를 메우게 하고 임금을 지불한다. 다시 구덩이를 파게 하고 임금을 지불한다. 임금을 주는 사람으로 볼 때 구덩이를 파고 다시 덮고 하는 일을 반복하는 것은 아무런 도움이 안 될 수도 있다. 그러나 그 일을 하는 사람에겐 수입이 생긴다. 그는 그 돈으로 소비를 할 수 있다."

일자리가 있어야만 경제가 제대로 돌아가고 경기가 유지될 수 있어요. 그러나 이런 일을 시키고 임금을 주는 기업이 생기기는 어렵겠죠? 이윤이 나지 않는 일이니까요. 그렇다면 이윤이 나지 않더라도 필요한 일자리를 주는 위와 같은 일은 누가 해야 할까요? 바로 정부입니다.

"정말 그렇게 아무 일이나 만들면 되나요?"

하하. 그렇기야 하겠어요? 그만큼 일자리가 중요하단 얘기지요. 정부가 나서서라도 일자리를 만들어야 하고, 그때는 당연히 장기적으로 나라의 발전을 위해 도움이 될 수 있는 사업을 만들어서 시행해야겠죠. 미국의 테네시 강 유역도 마찬가지였어요. 해마다 홍수가 나서 문제가 많았던 곳에 국가가 대규모의 투자를 해서 댐을 만들어

홍수 예방을 하고, 댐에서 전기도 생산하고, 여러 가지로 도움이 되는 사업을 하는 겁니다.

큰 정부의 등장

정부의 적극적인 개입으로 불황을 극복하게 되면서 시장 경제에 정부 개입의 필요성을 인정하는 새로운 형태의 자본주의가 나타나게 되지요. 우리는 이것을 수정 자본주의 또는 혼합 경제 체제라고 합니다.

교과서에는

시장 경제와 계획 경제의 요소가 복합적으로 운영되는 체제를 혼합 경제 체제라고 합니다. 시장 경제에 가장 가깝다는 미국과 유럽형 시장 경제, 최근의 중국 시장에 이르기까지 정도의 차이만 있을 뿐 오늘날의 모든 국가에서 볼 수 있는 경제 체제입니다.

시장 경제의 초기에는 정부가 시장에 개입하지 말고 국방, 치안과 같은 업무만 맡아보는 야경국가, 소극 국가, 그리고 작은 정부여야 한다는 자유방임 자본주의가 널리 퍼져 있었죠. 하지만 시장 실패를 겪으면서 정부가 적극적으로 경제 전반에 개입하는 적극 국가, 큰 정부로 나서야 한다는 수정 자본주의가 자리 잡게 되었습니다.

수정 자본주의

경제 문제의 해결을 위해서 시장의 원리와 함께 정부의 적극적인 규제와 조정을 인정하는 자본의 형태를 말합니다.

이렇게 국가를 바라보게 된 데에는 국가에 대한 인식의 변화가 있어 가능했습니다.

시장 경제가 자리 잡던 초기에는 강력한 왕권을 바탕으로 시장을 통제하려는 시대였어요. 그러니 당시에는 어떻게 하면 국가의 개입으로부터 벗어날 수 있을까를 고민하던 상황이었지요. 그러나 시장 경제와 민주주의가 자리 잡으면서 국가에 대한 사람들의 생각이 바뀌었어요. 이제 국가는 우리 모두를 위해 존재하는 공익 기관이며 국민의 뜻에 따라 움직이는 존재가 된 것이죠. 과거엔 국가의 억압으로부터 탈피해야 하는 '국가로부터의 자유'를 주장하던 시대였다면, 이제는 국가를 통해 자유를 추구하는 '국가에 의한 자유'를 주장하는 시대로 바뀌었어요. 이제 사람들은 시장 안에서 문제가 생겼을 때 정부에 도움을 요청하게 되었습니다. 개인의 이기심으로 작동되는 시장은 공공의 문제를 해결할 수 없기 때문에 이에 대한 대책을 마련해 주는 정부의 역할을 기대하기 시작한 것이지요. 이러한 인식의 변화 위에 수정 자본주의가 자리를 잡을 수 있었답니다.

1929년 세계 대공황 발발 이후 세계 경제는 급속히 수정 자본주의 원리를 받아들였어요. 자유와 경쟁을 중요시하던 시장 경제의 문제점에 대해 많은 보완책들이 쏟아져 나왔지요. 앞에서 보았듯이 미국 루즈벨트 대통령의 뉴딜 정책에도 빈민 구제, 일자리 창출, 노동자들의 권익 보호와 같은 경제적 약자들을 위한 정책들이 포함되어 있었잖아요. 그리고 미국에서는 능력만 있으면 누구나 성공할 수 있었지요. 그것이 아메리칸 드림이었고요. 하지만 루즈벨트는 거기서 그치지 않고 미국이 가난으로부터 자유로운 나라가 되기를 꿈꿨어요. 모두가 힘을 모아 낙오자가 없는 나라를 이룩하는 것이 그가 꿈꾸는 아메리칸 드림이었지요.

복지 국가

자, 지금까지 시장 경제에서 나타나는 여러 문제점들을 해결하기 위해 정부가 나서게 된 과정을 설명했어요.

이번에는 같은 맥락에서, 복지 국가에 대한 이야기를 한번 나눠 볼까요? 여러분, 어느 건물 주차장에든 가장 좋은 자리엔 어김없이 장애인 주차장 표시가 있는 것을 본 적이 있나요?

"네, 봤어요. 제일 좋은 자리에 칸도 더 넓어요."

그렇죠. 또 65세 이상 노인들은 지하철이 무료라는 거 아세요?

"네, 알아요. 그래서 저희 할머니도 무료로 이용하세요."

그럼 이런 맥락에서 노동조합이 왜 만들어졌는지 짐작해 볼 수 있겠어요?

> **노동조합**
> 근로자가 주체가 되어서 자주적으로 근로 조건을 유지시키거나 좀 더 개선시키고자 하는 것, 또는 기타 경제적 지위 향상을 위한 목적으로 조직하는 단체를 말합니다.

"그건……"

하하. 그건 좀 어려운가요?

장애인에게 가장 좋은 자리를 배정하는 것이나, 노인들에게 무료로 지하철을 이용하도록 하는 것은 경쟁을 중시하는 자본주의에서는 상상할 수 없는 일들입니다. 경쟁은 개인의 능력과 욕구를 승자가 되는 데 집중하도록 하기 때문에 입장이 어려운 다른 사람을 배려하기 힘든 속성을 띠고 있지요. 하지만 시장 경제 체제의 자본주의 사회에서는 경제적·사회적 약자가 생기게 마련이에요. 강한 사람이나 약한 사람이나 모두 함께 행복해지고 잘사는 사회가 되려면 적절한 대책이 필요합니다. 이러한 대책은 개인에게 맡겨 둘 수 없어요. 개인은 자신의 이익을 위해 경제 활동을 하려 하니까요. 그래서 장애인이나 노약자를 위한 이 두 가지의 일은 정부 차원에서 경제적·사회적 약자를 위한 배려로 만드는 제도입니다.

노동조합도 한번 생각해 보세요. 노동자는 회사 측에 비하면 상대적으로 약자이지요. 노동자 한 명 한 명이 회사 측과 상대한다면 노동자에게는 불리한 상황이 되기 쉽습니다. 그런데 회사가 이러한 노동자의 약한 지위를 악용해 노동력을 착취하고 임금을 제대로 주지 않는다면 노동자는 그 피해를 고스란히 떠안아야만 할까요? 어딘가에 하소연을 할 수 있어야 하고, 이러한 상황을 관리, 감독해 주는 공적인 기관이 있어야겠지요? 그래서 상대적으로 약자인 노동자에게 단체를 만들어 노동자의 문제들을 해결할 수 있도록 국가가 보장한 제도가 노동조합에 관한 법입니다.

이 제도는 모두 사회적 약자의 권리를 보호하기 위하여 사회, 즉 국가가 나서서 제도적으로 보장을 해 주는 것입니다. 이러한 제도들을 '사회 보장 제도'라고 하지요. 자유방임주의 경제 사상이 널리 퍼져 있던 시대에는 이러한 국가의 역할을 기대할 수 없었지요. 자본가들은 가급적 국가의 간섭을 받지 않으면서 자신의 이익을 최대치로 끌어올리고 싶어 했어요. 하지만 사회가 복잡해지고 각 개인들의 다양한 욕망과 입장이 얽히면서 경제적으로 소외 받는 사람들이 생겨났지요.

경쟁을 통해 분배를 하는 시장 경제에서는 많은 경제적 약자들이 어렵고 힘든 생활을 해야 합니다. 한 사회 안에 어렵고 힘든 사람의 수가 많다고 생각해 보세요. 결국 그 사회가 안정되고, 평화롭게 유지되기 어렵겠지요. 그래서 무조건 경쟁만 강조할 것이 아니라 불리한 입장에 처해 있는 사람들에게도 '최소한의 인간다운 삶'을 보장해 주는 제도를 만들게 된 것이죠.

이렇게 사회적 약자를 배려하고, 누구라도 최소한의 생활 수준을 누릴 수 있도록 국가가 보장해야 한다는 것이 **복지 국가**의 목표입니다. 경제 활동에 있어서 개인의 자유와 경쟁을 중시하던 자본주의가 수정되면서, 이런 복지 국가의 개념이 자본주의 사회에도 자리 잡게 되었습니다. 이러한 과정에서 정부의 역할이 커졌음은 말할 것도 없지요.

초기 자본주의 입장에서 본다면 정말 엄청난 생각의 변화지요. 물론 쉽기만 했던 것은 아닙니다. 처음 복지 국가 정책을 실시하던 당시에는 이것이 사회주의와 같다며 반대하는 사람들이 많았어요. 루즈벨트도 사회주의자라는 공격을 받았지요. 하지만 루즈벨트 이후로 미국은 더욱 굳건한 자본주의 국가가

> **복지 국가**
> 복지는 영어로 'Welfare'로 공정하게 잘 분배하는 것을 뜻합니다. 주로 사회로부터 소외되기 쉬운 장애인, 노약자, 빈민 등 사회적 약자들을 보호하기 위한 제도들을 정부가 적극적으로 추진하는 것을 주요한 기능으로 하는 국가를 말합니다.

되었습니다. 오히려 사회주의의 제도를 받아들여서라도 자신의 약점을 보완하면서 적극적으로 변화했기 때문이지요.

사회주의가 몰락하고 자본주의가 아직도 번영을 누리고 있는 점도 여기에 큰 이유가 있을 것입니다. 자본주의가 중시하는 경쟁과 복지는 모순되는 점이 많지요. 하지만 경쟁으로 인한 문제점들을 복지제도가 보완해 주고 있다고 볼 수도 있어요. 이렇게 문제를 인식하고 적극적으로 보완 방법을 찾아낸 것이 자본주의가 아직까지 발전을 계속하는 이유가 될 것입니다.

여러분도 앞으로 문제점을 인식하고 늘 스스로 수정해 가면서 발전하는 사람들이 되기를 바랍니다.

신자유주의의 등장

대공황 극복 이후 정부는 경제 문제에 적극적으로 개입했어요. 당시에는 정부가 모든 것을 해결해 줄 수 있는 또 다른 완벽한 존재라는 신뢰가 형성되던 시기였으니까요. 생각해 보면 세상을 참 단순하게 보고 있는 거죠? 예전에는 시장이 완벽할 거라고 생각했다가, 이번에는 정부가 다 해결해 줄 수 있다고 믿고 있으니 말이죠.

어쨌든 정부는 적극적으로 시장 상황을 규제하고 막강한 권한을 행사했습니다. 당연히 정부의 권한도 점점 커져 갔지요. 사람들의 생각도 바뀌어서 이젠 무언가 부족하거나 필요하면 당연히 정부에

요구하기 시작했지요.

　그럼 이렇게 정부가 나서서 모든 문제를 해결한다면 더 이상 염려할 것이 없는 걸까요?

　정부가 모든 문제를 해결할 수 있다면 경제에 대해 고민할 것이 없겠지만 생각처럼 되진 않았죠. 1960년대 후반을 넘어 1970년대로 접어들면서 정부의 개입으로도 해결되지 않는 새로운 문제들이 나타납니다.

　경기 침체와 인플레이션이 동시에 나타나는 '스태그플레이션'이 등장했던 것이죠. 그 이전까지 경제는 유례없는 호황을 누리며 발전하고 있었는데 새로운 현상이 나타난 거예요. 그때부터 나의 이론을 비판하는 사람들이 하나둘씩 생기기 시작합니다. 내가 주장했던 이론으로는 더 이상 현실의 문제를 해결할 수 없게 되었다고 말이에요. 필요 이상으로 정부의 기능을 크게 확대시켜 시장의 기능이 떨어졌기 때문이라나요?

　특히 하이에크(Hayek)라는 오스트리아 출신의 경제학자는 아주 대단했습니다. 내가 죽은 뒤의 일이지만 하이에크는 정부개입의 필요성을 주장한 나의 이론을 강하게 비판했습니다. 그는 정부의 지나친 개입이 오히려 개인의 경제 활동을 위축시켜 시장 상황을 더 나쁘게 만든다고 했거든요. 그래서 정부의 역할을 축소시켜야 하고 시장 기능의 회복을 통해 이 질병이 치유될 수 있다고 말했어요. 이런 상황으로 인해 그렇게나 비판받아왔던 개인주의적 자유방임이 다시 사람들의 지지를 얻게 되었지요. '신자유주의'라는 이름으로요.

　세상에 완벽한 것이 어디 있을까 싶군요. 우리는 또 그 문제를 해결하기 위해 새로운 연구를 해야 한답니다.

　하지만 한 가지는 분명합니다. 시장이 실패했다고 해서 시장이 다 틀린 것은 아니었지요. 그랬기 때문에 시장 경제를 버리는 것이 아니라 일부 수정만 한 것이잖아요. 이번에도 마찬가지입니다. 정부가 실패하긴 했지만 무조건 정부를 제외시켜야 한다고 생각하면 곤란하겠지요. 그래서 지금은 시장과 정부 간의 적절한 조화의 수준을 찾기 위한 노력이 진행 중이랍니다.

　나는 시장이 완벽하지 않으므로 정부의 개입이 필요하다는 것을 세상에 알린 학자입니다. 이제 다음 차례는 여러분이에요. 경제를 공부하는 것은 우리 앞에 닥친 경제 문제를 진단하고 해결해 나갈 수 있도록 하기 위함이라는 것을 잊지 마세요.

자본주의에 공헌한 사회주의자 마르크스

산업 혁명 이후 초기의 급속한 성장 기간이 지나자 유럽의 자본주의에서 다양한 문제가 나타나기 시작했습니다. 기계의 발달로 인해 소수의 노동자만으로 생산이 가능해지면서 많은 노동자들이 일자리를 잃게 되었지요. 결국 노동자들은 일자리를 구하기 위해 일방적으로 불리한 조건이라도 받아들일 수밖에 없었습니다. 전체 노동자의 현실은 점점 나빠져 이곳저곳에서 노동자들의 불만이 터져 나오게 되었어요. 이렇게 불안한 상황이 한참 진행 중이던 1818년 독일에서 카를 마르크스가 태어났습니다.

훗날 사회주의의 창시자가 되었던 마르크스는 젊어서부터 매우 급진적인 성향을 갖고 있었습니다. 본래 철학, 역사학, 사회학을 전공했지만, 자본주의의 모순을 파헤치기 위해 중년의 나이에 다시 경제학을 공부하였어요. 이를 바탕으로 자본주의의 모순을 파헤친 『자본론』이 세상에 나오게 되었지요. 자본론은 자본주의에 대한 냉철하고 통렬한 비판으로 가득 차 있었습니다.

마르크스의 자본주의 비판은 기본적으로 경제적 빈곤에 몰린 가난한 산업 노동자들에 대한 연민을 바탕으로 하고 있어요. 이러한 빈곤이 바로 자본주의 시장에서 기인한 것이라고 말이지요. 자본주의 시장은 사람들을 경쟁으로 내몰아 자본가는 노동자로부터 최대한의 가치를 얻어내게 만듭니다. 우선 자본가는 가능한 한도까지 노동자가 일을 하게 만들지요. 한 사람이 정신적, 신체적으로 노동을 할 수 있는 한계 시간까지 몰아붙여 시장 안에서 경쟁적으로 수익을 내게 하는 것입니다.

자본가는 이에 그치지 않고 점점 더 많은 양의 자본을 생산 수단에 투자합니다. 공장 안에 기계를 설치하여 물품의 생산량을 대폭 늘리는 식으로 말이에요. 더 이상 노동자들은 필요가 없게 되어 기계에 의해 밀려나겠지요? 하지만 가장 많은 자본을 갖고 있던 자본가는 생산성을 더욱더 높이게 됩니다. 이러한 시장 경쟁에서 밀려난 회사는 파산하고 말겠지만요. 그리고 수익률이 열악한 회사 역시 노동자를 해고하게 되겠지요. 그러면 실업 상태이거나 점점 더 낮아진 임금으로 일하는 노동자가 많아지면서 사회 전체의 구매력은 급격히 떨어집니다. 이렇게 해서 자본주의는 결국 위기를 맞이하게 되고, 이로 인해 빈곤과 사회의 불안정은 노동자들을 혁명으로 이끈다는 것이 마르크스의 주장이었지요.

마르크스는 이렇게 자본주의의 구석구석을 파헤치면서 자본주의의 문제점을 지적하였답니다. 또한 이러한 문제점들로 인해 자본주의는 반드시 붕괴될 것이며, 새로운 사회주의 시대가 도래할 것이라고 예언했습니다.

그러나 마르크스의 연구는 자본주의의 문제점을 분석하는 데 집중되어 있고, 자본주의 이후에 사회주의가 어떻게 운영되어야 하는지에 대해서는 많은 연구가 이루어지지 못했지요. 그 영향인지 사회주의 국가가 등장하기는 했지만, 그들은 자본주의의 단점은 잘 지적하면서도 정작 자신의 사회주의 사회는 잘 운영하지 못해 스스로 무너져 내렸습니다.

오히려 자본주의는 마르크스의 비판을 수용하고 단점을 보완하여 오늘날까지 발전해 오고 있습니다. 때문에 마르크스는 자본주의를 가장 강하게 비판한 학자임에도 불구하고 자본주의의 사회와 경제를 연구하는 후세들이 꼭 배우고 거쳐야 하는 학자가 되었습니다. 마르크스는 본의 아니게 사회주의가 아니라 자본주의의 발전에 기여한 학자가 된 것이지요.

자유와 경쟁, 이것만이 장밋빛 미래를 영원히 보장해 줄까요?

승자가 있으면 패자도 있는 법, 이제 패자에게도 관심을 돌려야 합니다.

유명한 뉴딜 정책이 시작되었군요.

일자리를 만들면 소득이 생기고 그럼 소비가 증가해서 생산이 늘고 경기는 회복되는 거로군요!

와우!

루즈벨트는 정부 주도의 테네시 강 개발 사업 등을 추진해 '유효 수요'를 창출했지.

맞아. 뉴딜 정책이 성공을 거두면서 정부가 시장에 개입하는 새로운 형태의 자본주의가 나타났지.

수정 자본주의죠!

하지만 요즘은 신자유주의가 대세라던데……

맞아. 세상에 영원한 것은 없지. 70년대 들어 경기 침체와 물가 상승이 동시에 일어나는 '스테그플레이션'이란 새로운 골칫거리가 등장하면서 내 이론은 비난받기 시작했지.

거시적 시각으로 보는 경제

케인즈는 경제를 '거시적 시각'으로 보고,
'유효 수요'를 창출할 것을 주장했습니다.

수능과 유명 대학교의 논술 연계

성균관대 2009년도 수시2-II 논술고사(인문) [문제1]

2008년도(6월) 평가원 2번

구성의 모순

드디어 내 주장의 핵심에 들어왔군요. 이번 시간에는 경제를 왜 거시
적으로 봐야 하는지 생각해 봅시다. 또 '유효 수요'라는 말이 왜 나오
게 되었는지 그 이유와 의미도 알아보도록 하지요.

　여기 두 사람의 대화를 들어 볼까요?

　"왜 이렇게 목이 쉬었어?"
　"오랜만에 식당에서 친구를 만나 얘기 좀 하다 왔는데 목이 다 쉬
었지 뭔가."
　"어? 식당에서 얘기를 했는데 목소리가 쉬었다고?"
　"그게 말이야 식당에 손님이 많더라고. 사람들 이야기 소리에 TV

소리가 잘 안 들렸는지 어떤 사람이 TV 음량을 높이더라고. 그러니 우리나 다른 사람들은 말소리를 더 크게 하게 되고, TV 소리는 또 더 커지고, 다들 그렇게 점점 더 소리를 높여가고 있더라고. 그렇게 한 시간 이상 얘기하고 나니 목이 이렇게 쉬던데?"

"오랜만에 만난 친구라면서 얘기는 많이 나누고?"

"무슨 외국어 통역하는 것도 아니고, TV 소리 때문에 서로 알아듣기도 힘들었어. 휴."

여러분도 이런 적 있나요?

"그럼요. 교실에서 떠들다 보면 서로 소리가 점점 커지면서 교실이 온통 난장판이 된다구요."

그렇군요. 근데 이야기 속 이 사람은 왜 목소리를 크게 했을까요?

"그야 친구에게 자신의 말을 더 잘 들리게 하려고 그런 거죠. 그러다가 모두들 시끄러워져서 결국 대화가 잘 안 됐지만요."

위와 같은 현상이 바로 '구성의 모순'이에요. '구성의 모순'이란 부분에서는 개인에게 옳은 것이 전체에도 꼭 옳은 것은 아니라는 것입니다. 위의 경우엔 목소리를 높이면 나와 내 친구 사이에는 의사소통에 이익이 되는 방법이지만, 다른 사람들에게는 방해가 될 수도 있고 전체적으로 이익이 되지 않을 수도 있는 것이죠.

야구장에서 더 잘 보기 위해 관중석의 누군가가 일어서면 어떨까요? 그 사람에게는 이익이 되겠지만 뒤에 있는 사람들은 시야가 가리겠죠. 그럼 뒷사람도 일어서고 그 뒤도 그렇고 결국 전체적으로 이익이 아닌 상황이 발생하겠지요. 이것도 '구성의 모순'인 상황입니다.

지금까지 경제학은 개개인의 합리적 선택만을 생각했어요. 사회는 개인의 합과 같기 때문에 개인만 분석하면 전체는 따로 생각할 필요가 없다고 생각했지요. 그러다 개인과 사회의 이익이 서로 다르게 나타날 수 있는 '구성의 모순'을 알게 되면서 거시 경제학을 연구하게 되었답니다.

"거시 경제학이요?"

클 거(巨) + 볼 시(視), 즉 현상을 사회 전체적인 시각에서 바라본다는 것이죠. 예를 들면, 어느 개인이 별님 콘을 먹는지 달님 콘을 먹는지가 아닌, 우리나라 전체 중 별님 콘을 먹는 사람의 비율이 어떠한가? 우리나라 전체적으로 별님 콘의 인기가 높아졌는가 아니면 낮아졌는가? 이렇게 사회 전체적인 수준에서 문제를 바라보는 것을 거시라고 합니다.

사람들이 나를 두고 거시 경제학의 실질적인 출발이라고들 합니다. 지금까지 이런저런 경제 상황을 이야기해 왔으니 그 이유를 다들 짐작할 수 있겠지요?

난 경제 정책을 관리해야 하는 관료의 입장에서 경제 현상을 보았던 사람입니다. 그러니 전체적인 시각에서 문제를 바라보게 되었죠. 또 당시에 나타났던 대규모 실업과 경기 침체는 경제 전반을 두고 살펴봐야 하는 거시적인 경제 문제들이었어요.

유효 수요 창출

여러분 네 번째 수업에 공부했던 대공황을 기억하나요?

"네. 물건이 팔리지 않아서 재고가 쌓이고, 그러니까 생산을 줄이게 되고, 거리엔 일자리를 잃은 사람들이 넘쳐나는 심각한 경기 침체 상태였어요."

잘 기억하고 있네요. 이 정도면 고등학교 경제 시험 문제도 거뜬하겠네요.

"정말요?"

오늘 공부하는 내용까지 다 이해한다면 고등학생 중에서도 잘하는 학생에 속할 수 있을 거예요. 그럼 시작해 볼게요.

자음이가 이야기한 대공황의 상황을 다시 한 번 살펴봅시다. 공장에서 만든 물건이 팔리지 않아 재고가 쌓이게 되면 공장 주인의 수입은 줄어들겠죠. 그러면 공장 주인은 투자할 돈도 부족하고, 또 재고가 늘어날 것을 걱정해 다음번 생산을 줄이려고 할 거예요. 또한 만들 물건이 적어진 만큼 노동자도 예전만큼 필요하지 않게 돼요. 그리고 공장 주인은 불필요한 노동자를 해고하게 되어 실업자가 늘어나게 되었지요. 실업자가 된 사람들은 수입이 없으니 물건을 살 수 없겠지요? 그러면 물건을 팔지 못하게 된 공장 주인은 더 곤란해지는 거예요. 이 악순환의 고리를 끊으려면 어떻게 해야 할까요?

이것이 우리가 해결해야 할 상황이었습니다. 여러분도 이 문제를 잘 들여다보세요.

부자가 되려면 어떻게 해야 하죠?

"돈을 많이 벌어야 돼요."
"많이 벌고, 또 절약해야 해요. 은행에 저축도 많이 해야 돼요!"

많이 벌고 적게 쓰면 돈이 많이 쌓일 테니 부자가 될 수도 있겠네요. 많은 사람들이 이렇게 생각했을 거예요. 그런데 이 말은 맞기도 하고 틀리기도 합니다. 왜 그러냐고요?

앞의 방법은 개인의 입장에서 보면 돈이 많아지고 부자가 되는 방법이지요. 하지만 사회 전체적인 입장에서 보면 상황이 달라져요. 전체 시장에서 개인들의 저축이 많아진다는 것은 사람들의 소비가 줄어든다는 뜻이지요. 사람들이 물건을 사는 소비를 하는 대신 너도 나도 은행에 돈을 맡기는 걸 택했으니까요. 이렇게 되면 전체적으로 물품의 공급은 있는데 수요가 줄어들게 됩니다. 그러면 결국 어떻게 될까요? 사려는 사람이 적어지니 물건은 잘 안 팔리고, 생산이 줄어들게 되겠죠. 개인에게는 좋을 수도 있는 저축량 증가가 사회 전체에는 좋지 않을 수도 있다는 뜻이지요. 이해가 가나요?

"어! 공황 때랑 비슷한 상황이 되는 거네요."

그렇죠. 공황은 이렇게 경기가 점점 침체되어 바닥까지 내려간 상황이니까요. 즉, 개인적으로는 절약하면 부유해지지만, 사회적으로는 오히려 부가 감소하게 되는 것. 이런 상황을 '절약의 역설'이라고 합니다.

"선생님, 이것은 아까 말씀하셨던 '구성의 모순' 같은 상황이네요."

그렇죠. 부분적으로 옳은 것이 전체적으로는 그렇지 않을 수도 있다는 겁니다. 이제 대공황의 상황에서 내가 어떤 주장을 했는지 눈치챌 수 있겠죠. 나는 공급만을 중시하던 기존 경제학에 반기를 들고 이제는 수요를 챙겨야 할 때라고 주장했습니다. 사람들이 실제로 물건을 살 수 있는 능력에 초점을 맞춘 것이지요. 그 구매력을 늘리는 게 더 중요하다고 말이에요. 그래서 나는 쌓여 있는 물건들을 팔고 경기를 회복하기 위해서는 시장에 유효 수요를 늘려야 한다고 주장한 것입니다. 지금까지 줄이려고만 했던 소비가 실은 경제를 살리는 데 꼭 필요하다고 말한 것이지요.

교과서에는

실업이나 물가 불안과 같은 문제를 해결하기 위해 현실에서는 수요를 조절하는 방식을 주로 채택합니다. 수요를 조절하는 방법으로는 국민들이 소비를 늘리도록 하거나 기업들이 투자를 할 수 있도록 하는 것이 있으며 정부가 직접 지출을 늘리는 방법도 큰 효과가 있습니다.

"하지만요, 당장 먹을 게 없는데 어떻게 살아요? 언제까지나 기다릴 수는 없는 거잖아요."

네! 바로 그겁니다! 이러한 이유들로 인해 더더욱 정부의 적극적인 개입이 필요하다고 주장한 거지요. 무조건 시장만 믿고 그냥 있어선 안 된다고 말이죠. 정부가 시장에 적극적으로 개입할 필요가 있다고 말한 겁니다. 시장의 자동 조절 기능을 믿는 사람들은 장기적으로 시장에서 자연스럽게 다 해결될 텐데 왜 이렇게 나서냐고 말했죠. 이런 비판에 대해 다음과 같은 말을 남겼지요.

"장기적으로? 장기적으로 우린 다 죽고 없어!(In the long-run, we are all dead)"

이런 고민이 담긴 책이 바로 『고용·이자 및 화폐의 일반이론』이에요. 당시 주류를 형성하고 있던 낡은 경제 이념에 대응하는 내용

으로, 외로운 싸움을 시작했던 셈이지요. 사회 구석구석에 뿌리박혀 있는 낡은 관념으로부터 벗어나 새롭게 현실을 바라볼 때, 이 어려움을 극복할 수 있을 것이라고 보았어요.

이러한 나의 생각은 1926년에 쓴 『자유방임의 종언』이라는 저서에도 잘 나와 있습니다. 기린이 나뭇잎을 뜯어 먹는 것에 비유를 해 볼까요? 자유방임주의는 기린들을 자유롭게 놓아두면 기린 스스로 알아서 목을 뻗어 능력껏 나뭇잎을 따 먹을 수 있다고 봅니다. 목이 길거나 목을 뻗으려는 노력을 많이 하는 기린이 더 싱싱하고 많은 잎을 먹을 수 있겠지요. 그것은 마치 사람들이 사회에서 자신의 소비 능력과 취향에 따라 물건을 소비하고 생산하며 보상을 받는 것과 비슷해요. 뛰어난 사람이 살아남는 것을 통해 사회가 진보한다고 믿는 방식이지요. 이것이 자유방임주의예요.

하지만 다시 이런 물음을 던지게 되었습니다. 그렇다면 목이 짧아 경쟁에서 밀려 굶어 죽는 기린의 고통은 어떻게 해야 될까? 나무에서 떨어져 밟히는 잎은? 목이 긴 기린이 필요 이상으로 과식을 하게 되었을 때는? 경쟁의 이면에는 이러한 그늘과 누군가의 고통이 자리 잡고 있는 것이지요.

지금 당장 아이들이 굶고 있는 현실을 해결할 수 있는 실질적인 방법을 찾아야 한다고 주장했지요. 경제학의 이론보다 사람들의 실제 생활과 현실이 더 중요했던 것이죠. 아마 처음부터 경제학을 공부했던 학자였다면 저도 다른 사람처럼 생각했을지 모르죠. 하지만 대학을 졸업하고 공무원이 되어 이론보다 실제 생활로 경제를 만나

왔었기 때문에 이론보다는 현실을 더 많이 보게 되었던 거죠.

어쨌든 시간은 점점 흘러, 사람들의 생활은 점점 더 어려웠습니다. 지금도 눈에 선하네요. 일자리를 잃고 아무 수입도 없이 무료 급식소 앞에 끝도 없이 줄 서 있던 사람들의 모습이요. 바로 나 같은 지식인과 공무원이 이런 사람들을 위한 현실적인 대책을 내놓아야 하는 것 아닌가요? 시장이 알아서 경제 문제를 풀어 주고 스스로 상황을 해결해 줄 거라고 생각하는 건 너무나 안일한 자세인 거죠.

미국은 대공황을 벗어나기 위해 특단의 조치가 필요했어요. 정부가 나서야 한다는 나의 주장에 영향을 받아 새로운 정책이 나오게 되는데요, 자세한 내용은 다음 수업에서 살펴봅시다.

소비의 미덕

2007년 태안 앞바다에서 엄청난 양의 기름 유출 사고가 있었어요. 온 바다와 갯벌이 기름으로 뒤덮였지요. 이 사건은 태안 주민들에겐 잊지 못할 아픔이 되었습니다. 100만 여 명의 봉사자가 참여하는 등 많은 사람들의 노력으로 다시 깨끗한 자연을 회복하였지만 여전히 태안 주민들은 어려움을 겪고 있답니다. 기름 유출 사고 이후로 태안 수산물과 관광에 대한 수요가 뚝 끊겨 버린 겁니다. 지역 경기는 심각하게 침체되었죠.

그럼 우린 어떻게 하면 좋을까요?

"엄마한테 이번 주말엔 태안에 놀러 가자고 조를게요!"

허허. 우리 자음이가 어려운 태안 경제에 유효 수요를 만들어 주고 오면, 태안 지역의 경기 회복에 도움이 될 거예요. 이런 이유 때문에 대공황 이후 미국에서는 '소비가 미덕이다.'라는 말이 널리 퍼지게 되었지요.

"저도 소비를 열심히 해야겠네요. 배운 걸 실천해야 참된 지식이니까요."
"자음이 너, 엄마 졸라서 계속 뭐 사 달라고 하려는 거지? 참······."

실학자 박제가

여러분, 유효 수요론이 무엇인지 잘 아시겠지요?

그런데 조선 시대의 실학자 박제가 또한 케인즈와 비슷한 생각을 하였습니다. 박제가가 누구인지 다들 알고 있지요? 박제가는 조선 후기의 실학자로 중국 문물을 보고 와 우리나라를 개혁하려고 했던 인물이지요. 박제가는 자신이 쓴 『북학의』라는 책에서 다음과 같이 말하지요.

"비유컨대 재물은 대체로 샘과 같은 것입니다. 퍼내면 차고, 버려두면 말라버리죠. 그러므로 비단옷을 입지 않아서 나라에 비단을 짜는 사람이 없게 되면 비단을 짜는 일이 쇠퇴하고, 찌그러진 그릇을 싫어하지 않고 기교를 숭상하지 않아서 장인이 작업하는 일이 없게 되면 기예가 망하게 되며, 농사가 황폐해져서 그 법을 잃게 되므로 사 · 농 · 공 · 상의 사람들이 모두 곤궁해져 서로 구제할 수 없게 되고 맙니다."

박제가의 이 말은 소비가 생산을 자극한다는 뜻입니다. 생산된 것이 소비되어야 재생산이 가능하니, 소비를 억제할 것이 아니라 장려시켜야 한다는 주장을 펼친 것이죠. 유효 수요론과 유사한 생각이었지요.

정부의 개입

"선생님. 그런데요, 지금 배우고 있는 대공황과 같은 불황은 엄청난 실업 상태일 텐데요. 그럼 아무리 소비를 늘리고 싶어도 집에 돈이 없으니까 소비를 할 수가 없잖아요?"

그래요. 자음이 말이 맞아요. 대공황은 소비가 줄고, 생산도 줄고 그래서 실업자가 넘쳐나는 경기 불황 사태예요. 당연히 사람들은 돈이 없겠죠. 그런 상태에선 소비가 이루어지기 어려워요. 이전의 고전 경제학에서는 보이지 않는 손, 즉 가격의 원리가 모든 것을 해결한다고 했으니 가격을 낮추면 모든 문제가 해결될 것으로 생각했답니다. 하지만 가격이 낮아져도 소비는 늘어날 수 없었어요. 1997년 한국의 외환 위기 때도 이런 현상이 일어났지요. 급격히 경기가 침체되고 많은 사람들이 실업자가 되었답니다. 물건값과 집값이 이전보다 훨씬 낮은 가격으로 떨어졌지만 사려는 사람이 없었지요. 내가 무슨 말을 하려는지 알겠지요?

"네! 가격으로 문제를 해결할 수 있는 상황이 아니란 것이죠. 그럼 다른 원인을 찾아봐야겠네요."

맞아요. 시장 가격이 낮아지거나 높아지면서 시장을 자동 조절할 것이라는 생각을 수정해야겠지요. 그럼 어떻게 해야 소비가 늘어날까요?

"집에 소득이 생기면 소비를 할 거 같아요."
"앞으로 돈이 생길 거라는 예상을 하게 되면 아무래도 더 쓰게 될 거 같고요."

한국의 외환 위기
1997년 12월 3일, 우리나라가 외환 위기를 겪으며 국제 통화 기금(IMF)에 자금 지원 양해 각서를 체결한 사건입니다. 기업 경영과 금융 부실 등을 원인으로 하여 외환 시장에 악순환이 발생했고, 금융 기관이 파산하며 많은 기업이 부도를 면치 못하는 상황이 발생했었지요. 이 때, 우리나라는 국제 통화 기금으로부터 구제 금융을 받는 조건으로 엄격한 재정 긴축과 가혹한 구조 개혁의 요구를 수용할 수밖에 없었습니다.
• 국제 통화 기금: 가맹국의 출자로 공동의 기금을 만들어 이것을 각국이 이용토록 함으로써 각국의 외화 자금 조달을 원활히 할 수 있도록 설립된 기관입니다.

교과서에는
1997년의 한국의 외환 위기는 국민들에게는 너무 갑작스러운 일이었습니다. 당시 우리나라에서는 실업으로 인한 가정생활의 파탄이나 자살 소식 등이 끊이지 않았으며 매우 심각한 사회적 문제가 되었습니다. 정부는 항상 이러한 사회적 불안을 잠재우고 경제를 성장시키기 위해서 고용 문제에 관심을 기울일 수밖에 없겠지요.

그렇죠. 사람들의 소비는 가격만큼이나 소득의 변화에 따라 또 미래 상황에 대한 기대에 많은 영향을 받습니다. 1997년 한국의 외환위기 때를 생각해 보면, 그 상황에서 소득이 늘어나거나 앞으로 다시 집값이 오르거나, 아니면 자기 소득이 더 늘어날 것으로 예상한 사람들은 서로 집을 구매하려고 했을 겁니다.

사람들이 집을 사지 않은 이유는 당시의 경제 상황이 다시 좋아질지, 그래서 집값이 다시 올라갈지 기대하기 어려웠기 때문이지요. 그러니 사상 최대의 경기침체 사태라고 하는 대공황기에는 사람들이 어떤 예측을 하고 있었을까요? 희망을 가질 수 있었을까요? 공황의 상황에서 혹시나 앞으로 더 어려워지지 않을까 허리띠를 졸라매고 소비를 더욱 줄이는 사람이 많을 수밖에요. 그러니 경기는 더 나빠지고, 그럴수록 앞으로 좋아질 것이란 기대는 더 하기 어려워지고, 상황은 점점 더 나빠지게 되는 것이죠.

"절약의 역설과 같은 상황이네요."

"그렇지만 개인의 입장에서는 이런 상황에서 어떻게 될지 모르니까 무턱대고 소비를 할 것 같지는 않아요. 그런데 다들 소비를 하지 않으면 어떻게 하죠? 유효 수요를 만들어야 할 텐데 말이에요."

이런 상황이라면 시장 내부에서 소비가 늘어나길 기대하기가 어려워져요. 그러니 이런 상황을 해결하려면 시장을 보완할 누군가가 필요하겠죠. 이때 필요한 것이 정부의 역할이라고 생각했어요. 그래

서 정부는 공공의 이익을 위해 움직이는 기관으로 시장에서 해결하기 어려운 시장 실패 상황들을 해결하기 위해 적극적으로 나서야 한다고 주장했어요. 정부는 공익을 위한 기관인 데다 시장 전체에 영향을 줄 수 있는 거대 조직입니다. 이런 정부가 시장에 대해 적극적으로 개입하는 것이 필요하다고 주장한 것이지요.

"그럼 정부가 어떻게 해야 하나요?"

시장에서 개인이나 기업이 소비할 수 없는 상황이라면 정부가 주머니를 열어야겠지요. 정부는 재정 지출을 통해서 경제 전체의 총수요를 늘려야 합니다. 물론 이 이론은 처음으로 시도하기 시작했을 무렵부터 정부의 재정 지출 확대를 의회에서 통과시키지 않으려고 했었지요. 자유방임을 고수(固守)하고자 했던 일부에서는 정부가 시장경제에 직접 개입하는 것에 대한 거부감이 굉장히 컸기 때문이에요.

"그런데 정부가 지출을 늘리는 것이 얼마나 효과가 있는 건가요?"

아, 그건 굉장히 중요하지만 어려운 내용이기도 해요. 여러분이 이해할 수 있도록 간단하면서도 쉽게 설명해줄게요.
여러분은 정부가 100만 원을 지출하면 경제 전체에 얼마만큼의 효과를 가져올 수 있다고 생각하나요?

"100만 원을 지출했으니 경제 전체에는 100만 원이 창출되겠지요."

물론 그렇게 생각할 수도 있어요. 하지만 결과는 다릅니다. 먼저, 정부가 지갑을 열어서 공공 사업을 추진하면 일자리가 생기고, 일을 통해 소득을 얻게 된 사람들이 다시 소비를 하면서 그 효과가 경제 전체로 파급된다는 것은 이미 배워서 다들 알고 있을 거예요. 놀라운 사실은, 정부가 100만 원을 지출했을 때 경제 전체의 파급 효과는 100만 원 이상으로 나타날 수 있다는 거예요. 이를 '승수 효과(乘數效果)'라고 합니다.

조금 어려운 용어지만 원리는 간단하지요. 저는 승수 효과를 마른 펌프에 물을 부어 다시 물이 솟아 나오도록 하는 모습에 비유했지요. 여러분은 펌프를 사용해 본 경험이 별로 없어서 생소할 수도 있을 거예요. 마른 펌프에 물을 한 바가지 넣고 펌프질을 하면 물이 몇 배로 늘어나게 된답니다. 놀랍지요.

승수 효과

경제의 순환 과정에서 새롭게 투자가 이루어지면 그것이 유효 수요의 확대가 되어 파급 효과를 가져오게 됩니다. 그러면 사회 전체로 보았을 때 처음의 투입된 양의 몇 배나 되는 소득의 증가를 가져오는데 이를 승수 효과라고 합니다.

그러니까 승수 효과란, 일정한 경제의 흐름 속에서 새로운 투자가 이루어지면 그것이 유효 수요의 확대를 일으키고, 이로 인한 파급 효과가 연속적으로 이루어져, 결국 사회 전체에는 처음에 늘렸던 투자 증가액보다 몇 배나 되는 더 큰 이익이 생긴다는 말입니다.

정부의 지출도 마찬가지입니다. 불황의 경제에 정부가 물을 한 바가지 넣게 되면 소득은 몇 배 이상으로 불어나게 된답니다. 이때 '승

수 배'만큼 국민 소득이 증가한다고 하여 승수 효과라는 말이 붙은 거랍니다.

한 가지 예를 들어 볼까요? 정부가 100만 원을 투자해 관광지를 개발했다고 해 봅시다. 그리고 외국인 관광객 유치를 위해 외국어가 가능한 공무원들을 그곳에 새로 채용했다고 하지요. 여기까지가 정부가 한 100만 원의 투자입니다. 그러면 그 이득도 정확히 100만 원어치일까요?

자, 이제부터 하나씩 짚어 볼게요. 일단 새로운 관광지가 생기면서 그곳을 찾는 사람들이 많아지겠지요? 관광객들은 숙박을 하고, 음식을 사 먹고 기념품을 사 갈 거예요. 그 덕분에 관광지에서 숙박업과 식당과 기념품 가게를 운영하는 사람들의 수입이 늘어나겠지요.

장기적으로 보면 그 수입은 정부의 투자 금액보다 더 큰 액수가 될 수도 있습니다. 그렇게 수입이 늘어난 그 지역 사람들은 소비를 늘리게 되고, 나라 경제가 활기를 띠는 데 일조하겠지요. 더군다나 외국에서까지 사람들이 휴가를 보내기 위해 그곳을 찾아오면서 정부는 외화 수입까지 얻게 됩니다. 또 관광객들이 여행을 즐기며 얻게 된 정신적 즐거움과 만족 역시 무시할 수 없는 효과이지요. 당장 경제적으로 환산할 수 없는 가치라고 해도 말이에요. 이렇게 처음 투자 증가액과는 비교도 안 되게 몇 배의 이익으로 그 결과가 돌아오지요!

결국 유효 수요를 늘리는 것은 불황의 상황에서 경제 전체에 시

원한 물이 솟아나게 하는 최적의 방법이 될 수 있었던 것이지요. 큰 틀에서 놓고 보면 모든 것이 새롭게 보일 수 있어요. 나무 한 그루는 한 그루 만큼의 목재로만 쓰일 수 있지만, 그 나무가 하나 둘 모여 숲을 이루면 전체 총합만큼의 목재로 쓰이는 것뿐만이 아니라 공기를 정화하는 기능도 하게 되지요. 그러니까 나무보다는 숲을 봐야 하는 거예요. 내가 왜 거시 경제의 시초라 불리게 되었는지 이제 확실히 이해가 되지요?

벌써 마지막 수업이네. 그래서 준비했지. 오늘의 주제 '거시 경제학'

뭔가 거창하게 들리는데요?

거시 경제학은 나무보다 숲을 보자는 거야. 개인이 아닌 사회 전체의 틀에서 경제 문제를 살펴야 한다는 것이지.

사람들이 저축을 많이 하면 어떻게 될까?

그야 다들 부자가 되겠죠.

과연 그렇기만 할까? 전체 시장에서 보면 너도나도 저축을 하면 소비가 줄어들어 물건이 남아돌겠지. 그럼, 생산이 줄고 경기는 침체될 거야.

소비가 미덕이라는 말의 뜻을 이제야 알 것 같아요.

'재물은 샘과 같아서 퍼내면 차고 버려두면 말라버린다.'고 말하신 조선의 박제가님도 나와 비슷한 생각을 하셨지.

허허, 나요!

마른 샘에 다시 물이 솟게 하려면 하늘만 쳐다볼 게 아니라 물을 부어 펌프질을 해야 하는데 그 역할을 정부가 해야 한다, 이것이 내 이론의 핵심이지.

정부가 부은 물 한 바가지는 결국 몇 배의 샘물로 돌아올거야. 이른바 '승수 효과'지.

선생님을 거시 경제의 시조로

인정 합니다.

"빈곤의 문제를 해결하기 위해
정부의 적극적인 개입이 필요해요"

자, 이제 모든 수업이 끝이 났네요. 그동안 수업을 잘 따라와 준 여러
분, 고맙습니다. 저는 과거 1백 년간 옳다고 여겨지던 자유방임주의
를 비판했어요. 어느 시대에서나 기존의 통념을 깨고 새로운 주장을
펼친다는 건 쉬운 일이 아니지요. 시장의 기능이 완전하지 않음을 인
정하고, 정부가 나서서 이에 대한 대책을 적극적으로 세워야 한다는
저의 주장은 '새로운 경제학' 또는 '케인즈 혁명'으로 비유되곤 한답
니다.

직접 선생님이 되어 수업을 마치고 보니, 어린 시절 나의 선생님
이 떠오르네요. 바로 앨프리드 마셜 선생님으로 어릴 때부터 친분
이 각별했던 분이지요. 그분은 나를 친자식처럼 아껴 주었고 많은
가르침을 주셨어요. 공무원이 되어 인도청에서 근무하고 있을 때
그분은 저를 케임브리지 대학에 돌아와 공부에 전념하도록 이끌어

주셨지요.

인상적이었던 건, 마셜 선생님은 경제학을 공부하려는 학생에게 런던의 빈민가를 가보라고 말씀하시곤 했다는 거예요. 경제학을 냉정한 머리가 아닌 따뜻한 가슴으로 공부하라는 뜻이었겠지요.

하지만 마셜 선생님은 시장 안에서 개인들의 자유로운 경쟁을 주장하셨던 분이었어요. 배움이 깊어 갈수록 이런 의문이 생겼지요. 분명 가난한 사람들이 많은데, 왜 사회는 개인의 자유와 경쟁만을 중요하게 여기는 걸까? 그런 경쟁에서 낙오되고 소외받는 사람들은 어떻게 해야 하나? 왜 아무도 이에 대한 대책을 세우지 않는 걸까? 이렇게 말이에요. 순간 빈민가를 둘러보라는 마셜 선생님의 가르침이 매우 공허하게 느껴졌습니다. 현실의 어려움을 본다면 적극적으로 이에 대한 해결 방법을 제시해야 하는데 말입니다. 이것이 시대와 사회의 모순이라고 생각했어요. 그래서 국가가 적극적으로 나서서 사회의 문제를 해결해야 한다는 신념을 키워 나갔지요.

이렇게 해서 1936년에 『고용·이자 및 화폐의 일반이론』의 책에서 이러한 고민과 해결 방법들을 풀어 놓았던 것이랍니다. 그런데 제가 죽고 난 뒤인 1970년대에 하이예크라는 후배 학자가 나타나 정부의 개입을 줄이고 개인의 경제 활동의 자유를 늘려야 한다고 주장했다지요?

'신자유주의'라는 이름으로요.

하지만 21세기로 들어선 오늘날, 신자유주의와 세계화로 인한 빈부 격차 문제와 사회적 불평등의 문제가 등장하면서 저의 주장이 새롭게 다시 조명 받고 있다고 합니다. 커다란 변화의 시기에 새로운 가치관을 바탕으로 현실의 문제에 적극적으로 맞서려고 했던 나의 노력을 모두가 이해해 준다면 더없는 기쁨이 되겠지요.

저의 사상이 여러분에게 미약하게나마 지도와 나침반이 될 수 있기를 기대해 봅니다.

2009년도 수능 4번

다음 글에 대한 분석 및 추론으로 옳지 <u>않은</u> 것은? [3점]

> 초등학생 갑은 일주일 용돈으로 5,000원을 받는다. 갑은 용돈으로 쌀과자와 MP3 파일만을 구입한다. 쌀과자는 한 봉지에 1,000원이고 MP3 파일은 하나에 500원이다.

① 쌀과자 한 봉지의 기회비용은 MP3 파일 2개이다.

② 부모님이 용돈을 올려 주어도 쌀과자 한 봉지의 기회비용은 변함이 없다.

③ MP3 파일의 가격이 200원으로 하락한다면 쌀과자로 표시한 MP3 파일의 기회비용은 커진다.

④ 용돈과 두 재화의 가격이 모두 100% 오르더라도, 갑의 두 재화에 대한 최대 구매 가능량은 변함이 없다.

⑤ 쌀과자와 MP3의 가격이 모두 100% 오르더라도, MP3 파일로 표시한 쌀과자의 기회비용은 변함이 없다.

다음 글의 ㉠~㉣에 대해 옳게 설명한 학생만을 〈보기〉에서 있는 대로 고른 것은? [2점]

> 미국 정부는 ㉠자국에서 나타난 경제적 문제를 해결하기 위해 뉴딜 정책을 실시하였다. 이를 계기로, ㉡뉴딜 이전의 지배적인 경제 철학에서 형성되었던 시장과 정부 간의 관계가 근본적으로 바뀌었다. 뉴딜은 ㉢경제 정책을 통해 대공황 극복의 계기를 마련함으로써 ㉣정부 개입을 통한 경기 조절이라는 새로운 정부의 역할을 제시하였던 것이다.

〈보기〉

> 갑 : ㉠은 대량 실업과 인플레이션이었어.
> 을 : ㉡에서는 정부 간섭의 최소화를 이상적으로 보았어.
> 병 : ㉢의 과정에서 공공 사업이 확대되었어.
> 정 : ㉣을 위해 뉴딜 기간 동안 총공급 확대에 주력했어.

① 갑, 을   ② 을, 병   ③ 병, 정
④ 갑, 을, 병   ⑤ 을, 병, 정

〈2009년도 수능 4번〉 답 ③

소득이 정해져 있을 때, 두 재화를 구매할 경우 어떤 것이 합리적 선택인지를 물어보는 문제입니다. 갑은 용돈 5,000원으로 다양한 상품 조합을 만들 수 있으며, 이때 갑은 어떤 선택이 가장 큰 만족을 줄시 고민한 후, 선택하게 됩니다. ③ MP3 파일의 가격은 500원이고, 쌀 과자는 1,000원이므로, MP3 파일 1개를 선택할 때, 쌀 과자는 1/2 봉지를 포기해야 합니다. 따라서 MP3 파일 1개의 기회 비용은 쌀 과자 1/2 봉지입니다. 그런데 MP3 파일 가격이 200원으로 하락하면 쌀 과자는 1/5 봉지를 포기해야 하므로 MP3 파일 가격이 떨어지면 MP3 파일 선택의 기회 비용은 작아지는 것입니다.

〈2009년도 수능 13번〉 답 ②

㉠은 당시 미국에서 일어났던 문제들로 수요 부족으로 인한 대량 실업과 디플레이션을 말합니다. ㉡은 경제에 관한 문제를 시장에 전적으로 맡기는 자유 방임주의 또는 작은 정부입니다. ㉢은 대규모 공공 사업의 확대를, ㉣은 정부의 재정 지출 확대를 말합니다. 1920년대 후반에 발생한 대공황으로 미국 정부는 종전의 자유 방임주의 사상에서 벗어나 정부가 재정 지출을 확대하고 공공 사업을 벌이는 등 시장에서의 적극적인 정부의 역할을 강조하였습니다. 이것이 뉴딜 정책으로 수정 자본주의를 대표하는 주요 정책입니다.

○ 찾아보기

경제학자가 들려주는 경제 이야기 05

케인즈가 들려주는 수정 자본주의 이야기

ⓒ 유지후, 2011

초판 1쇄 발행일 2011년 5월 16일
초판 4쇄 발행일 2022년 3월 31일

지은이   유지후
그린이   황기홍
펴낸이   정은영

펴낸곳   (주)자음과모음
출판등록   2001년 11월 28일 제2001-000259호
주소   10881 경기도 파주시 회동길 325-20
전화   편집부 02) 324-2347 경영지원부 02) 325-6047
팩스   편집부 02) 324-2348 경영지원부 02) 2648-1311
이메일   jamoteen@jamobook.com

ISBN 978-89-544-2555-1 (44300)

• 이 책은 저작권법에 따라 보호받는 저작물이므로 무단 전재와 무단 복제를 금하며,
  이 책 내용의 전부 또는 일부를 이용하려면 반드시 저작권자와 (주)자음과모음의 서면 동의를
  받아야 합니다.
• 잘못된 책은 교환해 드립니다.

개정판 + 신판

과학자가 들려주는 과학 이야기 (전 130권)

위대한 과학자들이 한국에 착륙했다!
어려운 이론이 쏙쏙 이해되는 신기한 과학수업,
〈과학자가 들려주는 과학 이야기〉 개정판과 신간 출시!

〈과학자가 들려주는 과학 이야기〉 시리즈는 어렵게만 느껴졌던 위대한 과학 이론을 최고의 과학자를 통해 쉽게 배울 수 있도록 했다. 또한 지적 호기심을 자극하는 흥미로운 실험과 이를 설명하는 이론들을 초등학교, 중학교 학생들의 눈높이에 맞춰 알기 쉽게 설명한 과학 이야기책이다.

특히 추가로 구성한 101~130권에는 청소년들이 좋아하는 동물 행동, 공룡, 식물, 인체 이야기와 최신 이론인 나노 기술, 뇌 과학 이야기 등을 넣어 교육 과정에서 배우고 있는 과학 분야뿐 아니라 최근의 과학 이론에 이르기까지 두루 배울 수 있도록 구성되어 있다.

★ 개정신판 이런 점이 달라졌다! ★

첫째, 기존의 책을 다시 한 번 재정리하여 독자들이 더 쉽게 이해할 수 있게 만들었다.

둘째, 각 수업마다 '만화로 본문 보기'를 두어 각 수업에서 배운 내용을 한 번 더 쉽게 정리하였다.

셋째, 꼭 알아야 할 어려운 용어는 '과학자의 비밀노트'에서 보충 설명하여 독자들의 이해를 도왔다.

넷째, '과학자 소개 · 과학 연대표 · 체크, 핵심과학 · 이슈, 현대 과학 · 찾아보기'로 구성된 부록을 제공하여 본문 주제와 관련한 다양한 지식을 습득할 수 있도록 하였다.

다섯째, 더욱 세련된 디자인과 일러스트로 독자들이 읽기 편하도록 만들었다.

역사공화국 한국사법정 (전 60권)
세계사법정 (31권 출간)

교과서 속 역사 이야기, 법정에 서다!
법정에서 펼쳐지는 흥미로운 역사 이야기

흔히들 역사는 '승자의 기록'이라 말합니다. 그래서 대부분의 역사 교과서나 역사책은 역사 속 '승자'만을 중심으로 이야기하지요. 그렇다면 과연 역사는 주인공들만의 이야기일까요?

역사 속 라이벌들이 한자리에 모여 재판을 벌이는 역사공화국 한국사·세계사법정에서는 교과서 속 역사 이야기가 원고와 피고, 다채로운 증인들의 입을 통해 소송을 벌이는 '법정식' 구성으로 극적 재미를 더하고 있습니다. 이를 통해 독자는 역사 속 인물들의 치열한 공방을 따라가며 역사를 입체적으로 살펴볼 수 있습니다.

과학공화국 법정시리즈 (전 50권)

생활 속에서 배우는 기상천외한 수학·과학 교과서!
수학과 과학을 법정에 세워 '원리'를 밝혀낸다!

이 책은 과학공화국에서 일어나는 사건들과 사건을 다루는 법정 공판을 통해 청소년들에게 과학의 재미에 흠뻑 빠져들게 할 수 있는 기회를 제공한다. 우리 생활 속에서 일어날 만한 우스꽝스럽고도 호기심을 자극하는 사건들을 통하여 청소년들이 자연스럽게 과학의 원리를 깨달으면서 동시에 학습에 대한 흥미를 가질 수 있도록 구성하였다.

수학자가 들려주는 수학 이야기 (전 88권)

국내 최초 아이들 눈높이에 맞춘 88권짜리 이야기 수학 시리즈!
수학자라는 거인의 어깨 위에서 보다 멀리, 보다 넓게
바라보는 수학의 세계!

수학은 모든 과학의 기본 언어이면서도 수학을 마주하면 어렵다는 생각이 들고 복잡한 공식을 보면 머리까지 지끈지끈 아파온다. 사회적으로 수학의 중요성이 점점 강조되고 있는 시점이지만 수학만을 단독으로, 세부적으로 다룬 시리즈는 그동안 없었다. 그러나 사회에 적응하려면 반드시 깨우쳐야만 하는 수학을 좀 더 재미있고 부담 없이 배울 수 있도록 기획된 도서가 바로 〈수학자가 들려주는 수학 이야기〉 시리즈이다.

★ 무조건적인 공식 암기, 단순한 계산은 이제 가라!★

- 〈수학자가 들려주는 수학이야기〉는 수학자들이 자신들의 수학 이론과, 그에 대한 역사적인 배경, 재미있는 에피소드 등을 전해 준다.
- 교실 안에서뿐만 아니라 교실 밖에서도, 배우고 체험할 수 있는 생활 속 수학을 발견할 수 있다.
- 책 속에서 위대한 수학자들을 직접 만나면서, 수학자와 수학 이론을 좀 더 가깝고 친근하게 느낄 수 있다.